史要增註卷五

荆溪任啟運輯　　邑後學吳兆慶纂註

族孫麟徵增註

宋

凡九主共一百六十七年起太祖建隆元年庚申終欽宗靖康元年丙午南宋亦九主共一百五十三年起高宗建炎元年丁未終帝昺祥興二年己卯兩宋共十八主總計三百二十年【增註】周靜軒日歷考舊史往往以禪位爲文自堯舜以降抑何堯舜之多耶斯乃亂臣賊子假此以欺天下耳綱目惟於漢高稱即皇帝位予其得國之正餘則正名定罪皆書稱皇帝廢故主略無寬恕以著其篡竊之罪然則宋祖之得天下雖曰羣情推戴其形迹亦與朱全忠石敬瑭等耳是夫子正名之意也

趙宋太祖稱帝庚申【註】宋太祖姓趙名匡胤涿郡人父弘殷仕後唐漢周三朝贈太尉帝自周世宗拜殿前都點檢兵次陳橋衆將以黃袍加身擁立遂以庚申歲即皇

帝位都汴國號宋初周世宗於文書囊中得木長三尺餘題云點檢作天子時張永德爲殿前都點檢命匡胤代之恭帝立遼與北漢入寇匡胤禦之遂自立【增註】建元建隆乾德開寶　宋漢京兆尹趙廣漢後也因所領歸德軍在宋州遂以爲號火德王都汴稱東京以河南府爲西京祥符中以宋州爲興王地陞爲南京慶歷中又以大名爲景德禦戎駐蹕之所陞爲北京凡四都　帝母杜氏生帝於洛陽夾馬營赤光滿室　太祖以聖武之姿順天人之應即位後首先視學卹民善政次第施行列國以次削平釋宿衞藩鎮兵權唐時不可除之痼疾一朝冰解繩贓吏重法與民休息仁義道德之風洵不讓漢唐矣

陳橋兩日奎聚五星【註】陳橋兵變見日下復有一日乾德五年五星聚奎月令云仲春之月日在奎奎主文章聚如連珠文明之象【增註】陳摶隱華山周世宗名至問以飛昇黃白之術對曰爲天子者當以治天下爲務安用此乃遣還及聞陳橋兵變曰天下從此定矣

李筠重進兵敗自焚【註】周昭義節度使李筠會北漢師伐宋宋主圍澤州筠赴火死周淮南節度使李重進謀起兵拒宋宋主自將擊之重進自焚死

全斌破蜀李襲湘荆【註】蜀約北漢侵宋令忠武節度使王全斌討之蜀王昶降　都監李處耘以假道名襲江陵荆南高繼冲以降湖湘平【增註】全斌之入蜀也適值冬暮帝衣紫貂裘帽視事忽謂左右曰我被服若此尙覺體寒西征將士衝犯霜雪其何以堪即解裘帽馳賜斌仍諭諸將以不能徧及斌感泣　方蜀王昶之降宋也精兵尙十四萬宋師止三萬耳昶妾徐氏號花蕊夫人俘入京師帝問亡國之由徐以詩對曰君王城上豎降旗妾在深閨那得知十四萬人齊解甲竟無一個是男兒　破蜀得宮鏡一枚背有蜀王年號人皆不知獨翰林竇儀一見知爲蜀王昶物太祖曰宰相須用讀書人按儀兄弟五人皆擢科名其父燕山樂善好施且最重讀書

平漢潘美下唐曹彬【註】南漢主劉鋹侵宋宋遣山南東道節度使潘美擊破之克廣州劉鋹降封恩赦侯　都監曹彬伐南唐唐主煜降封違命侯【增註】彬受命伐江南城將破彬忽稱疾諸將入問彬曰余疾非藥石所能治惟克城之日不妄殺一人則愈矣諸將如約故不血刃而江南平　彬位兼將相不以等威自異仁恕清愼能保功名守法度爲宋良將第一臨卒擧子瑋有將才瑋沈勇有謀所向克捷羌戎畏之

趙贊服羌郭進禦狄【註】彰武節度使趙贊至延州前後分置步騎林莽之際遠見旌旗所部羌渾來迎相視奪氣　洛州防禦使郭進以北漢與契丹來攻將兵却之

韓王剛毅義倫清節【註】韓王趙普薦人帝不許連日復奏帝怒普顔色不變他日又奏帝悟用之屢言遷官帝不從怒入宮普隨之立宮門久不去竟得俞允　帝問吏於曹彬彬對曰四川轉運使沈義倫廉愼遂用爲樞密

副使

温叟封錢實儀卻立【註】御史中丞劉温叟厚重清介有餽以錢者封還之　召翰林學士竇儀草制至苑門見帝岸幘跣足坐卻立不進帝索冠帶召入儀復諫自是對近臣未嘗不冠帶

和峴審音昭素講易【註】帝以雅聲高近哀不合中和命判太常寺和峴定之音始和暢　召國子博士王昭素於便殿講易

守信釋兵彥超罷節【註】侍衛都指揮使石守信等典禁衛兵帝與守信等飲酒酣屏左右謂曰天子亦大艱難終夕未敢安枕守信等曰天命已定誰敢異心帝曰卿等固然其如麾下何一旦黃袍加身汝卽不欲得乎守信等咸諭意明日遂稱疾乞罷典兵帝從之由是宿衛者一時皆罷　鳳翔節度使王彥超及諸藩鎮入朝帝宴於後苑酒酣從容謂曰卿等久臨劇鎮王事鞅掌非朕所以優賢也彥超等皆乞歸明日皆罷鎮

親贊孔顏以矢文德【註】帝欲視學塑繪先聖先賢像爲贊書於孔顏座端令文臣分贊諸賢於是臣庶始貴文學

【增註】進士徐士廉訴知貢舉翰林學士李昉用情取舍上乃親試講武殿給紙筆得進士百二十五人皆賜及第賜錢二十萬以張宴會殿試遂爲成例

邮贈韓通以厲臣節【註】帝卽禪禮廢周主宗訓爲鄭王周侍衛副都指揮使韓通死之贈爲中書令以旌死節

【增註】通聞變自禁中遑遽歸欲帥衆討之軍校王彥昇遂追馳入其第未及闔門爲昇所害妻子俱死及太祖受禪詔封贈通以禮收葬欲加彥昇擅殺之罪羣臣以建國之始乞貫之而帝猶怒故昇終身不得節鉞

汴城洞開舊陵修飭【註】帝廣東京汴城坐寢殿令洞開諸門謂左右曰此如我心若有邪曲人皆見之　開寶三年詔修前代帝王陵被盜發者

勸課農桑覆奏大辟【註】命州縣長吏勸課農桑　令諸州大辟不得專決當錄案奏聞付刑部覆視

杜后遺命金匱作盟【註】杜太后疾革召平章趙普受遺命問帝曰汝知所以得天下乎正由柴氏使幼兒主天下耳汝百歲後當傳位光義光義傳光美（皆太祖弟）光美傳德昭（太祖子）帝曰敢不如教普即榻前爲誓書藏之金匱太后崩開寶九年冬十月上不豫夜召晉王光義屬以後事左右皆不得聞但遙見光義燭影下時或離席若有遜避狀既而上引柱斧戳地大聲謂光義曰好爲之遂崩在位十六年光義立更名炅是爲太宗【增註】后命傳光義光美以及德昭萬一義美俱刱年則德昭老且死矣亂命誠厲階也夫父死子繼千古不易之常經后何爲有是命推求其故黃袍加身袖中草詔皆光義之陰謀義有心於神器久矣詎肯安於晉王位而已耶太祖泣受命無亦勉強從之聊以弭鬩牆之禍耳太祖大漸之夕宋后不侍側昭芳不問疾燭影斧聲俄而帝崩時漏下四鼓矣宋后見晉王愕然遽呼曰吾母子之命皆託於官家晉王曰共保富貴無憂也傳位後嫂擯於外姪不得死是明明以讐報德宋史實錄不敢明言耳

太宗嗣位虎步龍行【註】太祖每言光義龍行虎步他日必爲太平天子【增註】建元太平興國雍熙端拱淳化至道帝仁恕恭儉好文守成三年收吳越四年滅北漢天下一統盛矣然背母負兄一弟二姪俱罹非命宋后崩不爲成服其秉心抑何忍耶

錢俶納土北漢繼平【註】興國元年吳越王錢俶以地來歸詔封淮海國王自錢鏐建國三世五王凡八十四年

四年帝自將伐北漢至太原督戰漢主繼元出降賜爵

彭城郡公【增註】俶來都賜賚甚厚兩月遣還臨行賜以黃袱封識甚固俶於途中密視皆羣臣乞留俶章疏也俶益感懼雍熙四年八月忠懿王俶卒輟朝七日追封秦國王　俶任太師令天下都元帥者四十年近代福澤罕與爲比

經頒鹿洞宴賜瓊林【註】賜九經於白鹿洞書院　二年始宴進士於瓊林書院八年親試於殿內分甲第

州立戒石院設崇文【註】刪節蜀孟昶戒石銘頒於州縣文曰爾俸爾祿民膏民脂下民易虐上天難欺　命有司於昇龍門外剏立三館名崇文院

姚坦翊善陳競義門【註】姚坦爲益王府翊善王有過失坦輒盡言規正左右勸王稱疾帝憂甚召乳母問狀對曰王本無疾以姚坦檢束耳帝怒曰吾選端正士輔王爲善今欲逐之必汝輩所教因杖之後園召姚坦慰諭之

江州義門陳競宜都王叔明之後九世同居長幼凡七百口不畜僮僕上下睦婣家有犬百餘一犬不至餘犬亦皆不食命旌其門【增註】益王元傑作假山招僚屬宴坦獨不視曰此皆驅民爲之鞭撻流血名爲假山實血山也時上亦有假山聞坦說急毀焉　周謂軒曰九世同居之事一見於張公藝再見於陳競嗣是而後寥寥無聞夫以公藝之同居忍也陳氏之同居公也忍則無嫌心公則無私意能忍而能公則治家之良法備矣其九世同居復何難哉

無敵楊業奇功繼倫【註】楊業本漢建雄節度使劉繼業帝克太原聞其勇召見拜代州刺史業善戰復楊姓號楊無敵契丹寇鴈門業擊敗之望見旌旗輒引去　北面都巡檢使尹繼倫以契丹耶律休哥入寇馬軍都虞候李繼隆發兵護送糧餉休哥率精騎數萬邀諸途不顧而南繼倫令諸將秣馬俟夜人持短兵潛躡其後至徐

河天未明休哥與繼隆戰繼倫擊殺契丹一大將衆驚潰休哥中臂遁契丹每相戒當避黑面大王以繼倫面黑故也

雅量蒙正直道禹偁〔註〕帝諭中書選可責以事者平章呂蒙正以名上帝不許他日三問蒙正三以其人對帝以其執蒙正曰臣非執臣不敢用媚道妄隨人主意以害國事帝退曰蒙正氣量我不如後其人果稱職　學士王禹偁立朝敢言開寶皇后宋氏崩殯於佛舍羣臣不成服禹偁諫謫知滁州〔增註〕蒙正初入朝堂有朝士指之曰此子亦參政耶蒙正佯爲不知而過之同列不能平詰其姓氏蒙正遽止之曰若一知其姓名則終身不能忘不如弗知之爲愈時人服其量　上本名匡義太祖改爲光義太宗嫌之更名炅冬十月卽位十二月卽改元肆赦周禮之綱目發明謂爲忍心害理莫此爲甚以故呂祖謙云改號更名則弒兄之跡難掩怨姪敗弟則奪國之心顯然而且殯

宋后於僧舍又不行太原賞致德昭德芳相繼而殂刱成千古罪案天倫之間秉心何其忍耶

陳恕鹽鐵田錫直臣〔註〕鹽鐵使陳恕有心計釐去宿弊帝深契之親題柱曰眞鹽鐵陳恕　左拾遺田錫以平章盧多遜專政羣臣章疏必先白之又於閤門署狀云不敢妄陳利便錫遺書多遜乞免署狀出爲河北路轉運副使錫入辭言軍國要機者一朝廷大體者四優詔答之封疏凡五十二奏悉焚之曰直諫臣職也豈可藏副以賣直及卒帝惻然曰田錫直臣天何奪之速耶

惜其輕舉岐溝喪兵北遺幽薊西缺綏銀〔註〕賀還浦將兵屯三交好議邊事與其子知雄州令圖上言契丹主少母后專政寵幸用事請乘釁以取幽薊帝信之以曹彬田重進潘美等爲都部署將兵伐契丹與耶律休哥戰

於涿州岐溝關彬等敗績美又敗於飛狐美副將楊業進伐契丹敗績轉戰至陳家谷而死契丹遂復陷雲應朔三城　帝既滅漢欲乘勝取幽薊諸將以師罷餉匱不欲行崔翰獨以時不可失帝遂發太原伐契丹大戰高梁河敗績於是幽薊之地遂不可復問　定難留後李繼棒入朝獻銀夏綏宥四州繼棒弟繼遷叛走襲銀州據之後降契丹封夏王西綏銀地爲所據釀成西顧憂初繼棒四世祖思恭討黃巢立功唐賜姓李遂世有西夏不可復制

弟姪不祿遺譏斧聲

註 帝弟光美更名廷美進封秦王姪德昭太祖子封武功王從帝征契丹軍中夜驚不知帝所在有謀立德昭者帝聞之不悅及還以征北不利久不行太原賞德昭以爲言帝怒曰待汝自爲之未晚德昭退而自刎平章趙普與平章盧多遜不協免相太宗立晉邸舊僚柴禹錫告秦王廷美將有陰謀普言願備樞軸察奸變以爲侍中或又告廷美欲爲亂乃罷廷美開封尹初杜太后遺命欲光義傳位光美以及德昭故以廷美尹開封德昭稱皇子及德昭刎廷美不自安帝以傳國意訪普對曰太祖已誤陛下豈容再誤廷美遂得罪貶爲縣公安置房州以憂卒太宗在位二十二年崩太子恆立是爲眞宗

增註 建元咸平景德大中祥符天禧乾興　明劉定之曰德昭請賞乃忠君利國之言非邀恩惑衆也上聞軍中謀立之語遂深忌之是昭之自殺實太宗疑而先殺之也廷美德芳情可知矣　周靜軒曰陳橋之事普實預謀其罪一也爲政而有患得患失之心其罪二也秦王盧多遜之獄普實尸之其罪三也有三罪焉其功過有不足言矣

眞宗踐祚端鎖繼恩【註】帝不豫宦者宣政使王繼恩忌太子英明陰與參知政事李昌齡殿前都指揮使李繼勳知制誥胡旦等謀立帝長子楚王元佐時已廢爲庶人廷美遷房州元佐嘗力救之及廷美死遂發狂疾縱火焚其宮故廢至是宰相呂端問疾禁中見太子不在旁疑有變乃以笏書大漸字令親密吏趣太子入侍及帝崩端知有變紿繼恩入書閣鎖閉之急入宮后問立嗣當以長今何如端曰先帝立太子今豈可遽有異議乃奉恆即位【增註】帝寬仁慈愛然好奉道教天書封祀制作紛紛景德初契丹入寇非寇準勸帝親征澶淵國幾亡矣初太宗欲相呂端或曰端爲人糊塗帝曰端小事糊塗大事不糊塗觀其處繼恩若獵猛獸而置諸穽天下大事不動聲色而定於頃刻之間此其所以爲大事不糊塗歟按景德以前呂端張齊賢李沆呂蒙正畢士安寇準王旦等皆君子而沆之賢稱最祥符以後王欽若陳堯叟馮拯丁謂高利用等皆小人而欽若之奸邪爲最眞宗爲兩截人景德祥符爲兩截治相之有關於治亂如此

若水高蹈齊賢致君【註】同知樞密院事錢若水見太宗以劉昌言罷問左右曰昌言涕泣否及呂蒙正罷又曰望復位目穿矣若水嘆曰上待輔臣至此無秉節高邁者感動之耳以母老請解樞輔章再上罷爲集賢學士涇原諸路經略使張齊賢以布衣獻策馬前太祖名見齊賢以手畫地條陳十策上善其四齊賢以爲皆善命拽出之及還語太宗曰吾幸西蜀惟得一張齊賢眞宰相才也已太宗策進士欲高擢之有司置不錄上一榜盡賜及第後果能以道輔眞宗【增註】時有种放洛陽人太宗時徵之其母日教爾勿聚徒講學今果爲人知不得安處乃稱疾及母死遂應詔以幅巾見受左司諫杜鎬誦北山移文譏之放不之愧

敏中厚重李沆忠勤【註】平章向敏中厚重鎮靜東封西祀皆爲留守惟盡心民事帝復以爲相　平章李沆日取四方水旱盜賊奏之參知政事王旦以爲細事不足煩帝聽沆曰人主少年當使知四方艱難不然血氣方剛不留意於聲色犬馬則土木甲兵禱祀之事作矣及卒帝驚慟曰沆忠良純厚始終如一豈意不享遐齡贈太尉中書令【增註】初丁謂與寇準善準屢薦其才沆不用日顧其爲人可使在人上乎準曰如謂者相公終能抑之使在人下乎沆笑曰他日當思吾言沆嘗讀論語或問之沆曰既爲宰相如節用愛人使民以時尚未能行聖人之言終身誦之可也

契丹入寇欽若閉門【註】契丹主隆緒同其母蕭氏入寇抵澶州參知政事王欽若猶閉門修齋誦經【增註】初欽若謂人曰爲王公遲我十年作宰相

士安寇準力贊親征【註】契丹陷德清軍逼冀州遂抵澶州邊書一夕五至平章寇準不發飲笑自如帝聞之大駭準對曰陛下欲了此不過五日耳因請帝幸澶州同列懼欲退準止之平章畢士安力勸如準所請乃親征問方略臨江王欽若請幸金陵閬州陳堯叟請幸成都準爭之乃決策親征定和議各解兵歸【增註】準在澶州與知制誥楊億飲博歌謔歡呼帝喜曰準如是吾復何憂後聽王欽若語罷準政事出知陝州初張詠聞準入相謂人曰寇公奇才惜學術不足耳後至陝準送之郊曰何以教準詠徐曰霍光傳不可不讀也準歸取其傳讀至不學無術笑曰此張公所以教我也　陳瓘曰當時若無寇準天下分爲南北矣向使其言盡用不惟無慶歷之悔亦無靖康之禍矣　雲間張氏曰謝安以奕棋而敗苻堅投一鞭斷流之衆寇準以飲博而喪契丹傾國入寇之師同一矯情鎮物也厥功偉矣夫何一以偷安江左爲念一以畏憚戎狄爲心晉宋之君不能長顧郤慮而狃於目前之見向使乘勝於風聲鶴唳之餘決戰於士卒歡呼之頃立定厥功以克永世豈致篡竊相仍而子姓被俘哉

丹武帝眞宗其失一也　帝嘗謂王旦曰寇準剛忿如昔旦曰準好人懷惠又欲人畏威皆大臣之所忌而準居之不疑此其短也又謂旦曰卿素稱準美彼專談卿惡旦曰理固宜然臣在相位久政事缺失必多準對陛下無隱益見其忠直此臣所以重準也　中書有事送樞密院違詔格準以上聞旦被責堂吏皆坐罰不踰月樞密有事送中書亦違詔格堂吏忻然呈旦旦令送還樞密而已準大慚謝及罷準使人語旦求爲使相旦驚曰將相之任豈可求耶吾不受私請也準深憾之已而除準武勝軍節度使同平章事判河南府準入謝帝具道旦所以薦者準歎以爲不可及　馬軍副都指揮使張旻下令太峻兵懼謀變上召二府議之旦曰若罪旻自今帥臣何以禦衆捕謀者則震驚都邑今但擢旻使解兵柄反側者自安矣上從之兵果無他帝曰王旦善處大事眞宰相也畿內蝗執政袖死蝗進曰蝗盡死矣率百官賀旦曰蝗出爲災災弭幸也又何賀數日二府方奏事見蝗飛蔽天上顧旦曰使百官方賀而蝗如此豈不爲天下笑耶

美珠箝旦天書矯稱【註】參知政事王欽若度帝厭兵謬進策取幽薊帝不願言思其次對曰惟封禪可以鎮服四海古者河圖洛書豈果有耶聖人以神道設教耳帝乃

驟幸秘閣問杜鎬鎬出不意亦以神道設教對帝意遂決欽若又乘間與平章王旦言旦黽勉從之帝召旦飲歡甚賜尊酒曰此酒甚嘉歸與妻孥共之迨發封皆美珠旦悟遂不敢有異議　帝謂近臣曰去冬夜半見神人來告曰當降天書大中祥符三篇適皇城司奏有黃帛曳承天門鴟尾上緘物如書卷欽若又奏得天書於泰山乃作玉淸昭應宮奉天書于寶符閣封泰山禪社首詔內侍獻天書於朝元殿

五鬼同惡林魏隱淪【註】欽若自以深達道教三司使丁謂附和之與學士陳彭年劉承珪等大修宮宇以林特有心計使爲三司使以幹財利五人交通蹤跡詭秘時號五鬼　賜杭州隱士林逋粟帛召陝州隱士魏野不至

增註樞密直學士知陳州張詠臨卒上書言不當造宫觀竭天下之財傷生民之命此皆賊臣丁謂誑惑陛下乞斬謂頭置國門以謝天下然後斬詠頭置丁氏之門以謝謂帝賞其忠　逋性恬淡結廬於西湖之孤山有茂陵他日求遺稿猶幸曾無封禪書之句眞宗賜號和靖先生

孫奭直諫知節忿爭註平章王欽若陳堯叟丁謂等惟以經義附和天下爭言符瑞獨龍圖閣待制孫奭言於帝曰以臣愚所聞天何言哉豈有書也帝默然又嘗上疏極諫不可者十事凡四諫祀老子王旦以碩德重望不敢異議寇準之入也亦緣天書以進而極言其非者惟奭一人　樞密副使馬知節素惡欽若嘗面詆其短爭於帝前帝召平章王旦質之旦至欽若猶譁不已知節流涕曰願與欽若同下御史府旦叱欽若退帝怒命付獄旦從容言之後欽若知節俱罷官并及陳堯叟增註雲間張氏曰當暗賄美珠時旦若曰君賜固不敢違君過尤當直諫使如孫待制之言羣臣必將交口附和眞宗之意潛奪矣獨一欽若何能爲哉夫何一受其賂遂箝其口致使其君取笑於當時貽禍於後世遺臭於萬年者旦爲之倡也嗚呼旦能輔君德於景德之前又能敗君德於祥符之後若旦者功之首罪之魁也　旦臨終謂諸子曰我別無過惟不諫天書一事爲生平愧可削髮披緇以殮　時羣臣爭奏祥瑞奭復上言方今野鵬山鹿並形奏簡秋旱冬雷率皆稱賀將以欺上天則上天不可欺將以愚下民則下民不可愚將以惑後世則後世不可惑夫國將興聽於民將亡聽於神陛下纔畢東封又議西幸國家土木之功累年不息水旱作沴飢饉居多乃欲勞民以事神神其饗之乎

計去丁謂實賴王曾註平章丁謂權傾中外與內侍雷允恭恃勢專恣時謂爲山陵使雷允恭爲都監判方謀第移就上穴入見太后言之卽穿上穴內侍毛昌達自陵還奏之詔遣參知政事王曾覆視曾還請獨對因言謂包藏禍心故令允恭擅移皇堂於絕地太后大驚欲誅

謂平章馮拯以初立不可急誅乃降謂爲太子少保尋
貶崖州司戶參軍而誅雷允恭【增註】曾初舉進士禮部廷試皆第一或曰狀元試三場一生吃著不盡曾曰吾平生志不在溫飽在中書與呂夷簡不合而去時謂丁謂爲眼前丁都中語曰欲得天下寧拔去眼前丁欲得天下好莫如召寇老

劉后臨朝仁宗恭默【註】帝在位二十五年崩太子禎即位
是爲仁宗遺詔皇后權處分國事仁宗尊爲皇太后劉
后臨朝稱制凡十一年帝隨嫡母垂簾同聽政恭默而
已【增註】史臣曰方仁宗初立莊獻臨朝將有專制之患曾正色立朝能使宦官近習不敢覬覦而仁宗君德立就莊獻亦全令名古所謂社稷之臣於斯見矣
建元天聖明道景祐寶元康定慶歷皇祐至和嘉祐
帝之初立母后臨朝政非己出寶元康定間西鄙多事慶歷以後君子滿朝恭儉仁慈始終如一然仁柔有餘剛武不足是以常有夷狄之禍不能如漢唐之盛也

宗道薛奎直辭正色【註】參知政事魯宗道論列無所畏避
眞宗嘗書殿壁曰魯直及太后稱旨問曰武后何如主
宗道曰唐之罪人也幾危社稷太后默然有小臣方仲
弓請立劉氏七廟后問輔臣衆莫敢對宗道獨曰若立
劉氏七廟如嗣君何乃止輔政七年剛正嫉惡貴戚皆
憚之目爲魚頭參政因其姓且骨鯁也平章薛奎謀議
正直或志不伸歸輒嘆咤不食家人笑曰何必如是奎
曰吾仰慚士人俯愧後世耳【增註】呂中曰國家之有天下強不如秦富不如隋形勢不如漢土地不如唐所恃者人心而已太祖肇之太宗眞宗培之至仁宗四十二年深仁厚澤刑以不殺爲威財以不畜爲富兵以不用爲功人才以不作聰明爲賢以寬厚待民以恩禮待士夫而以至誠待夷狄蘇軾謂社稷長遠終必賴之者誠確論也
后警敏曉書史聽政時賜子有節恩威未嘗假借然嘗服天子衮冕享太廟

禮葬宸妃夷簡先識【註】帝生母宸妃李氏太后取帝爲已

子人畏太后無敢言者帝長亦不自知明道元年妃薨太后欲以宮人禮治喪於外平章呂夷簡奏禮宜從厚太后不許夷簡曰陛下不以劉氏爲念臣不敢言尙念劉氏則喪禮宜厚太后悟乃以一品禮殯於洪福院夷簡謂內侍羅崇勳曰宸妃誕育聖躬而喪不成禮異日必有受其罪者莫謂夷簡不言也今日當以后服斂用水銀實棺崇勳懼馳告太后乃許之【增註】史載上始生晝夜啼有道士言能止兒啼召入曰莫叫莫叫何不當年莫笑啼郎止按眞宗嘗禱上帝求嗣問羣仙誰當往者赤脚大仙一笑遂降生宮中好赤脚其驗也　初眞宗幸蒙正第問曰卿子孰可用對曰臣子皆不足用惟姪夷簡宰相材也眞宗識其名於屏風　雲間張氏曰祁奚薦午謝安薦謝元曹彬薦曹瑋蒙正薦夷簡皆所謂內舉不避親也彬臨卒舉子瑋有將才瑋沈勇有謀所向克捷羌戎畏之　太后崩左右言妃死於非命帝號慟累日幸洪福寺易梓宮親啟視之見妃面如生冠服如后乃歎曰人言其可信哉待劉氏益厚

傾廢郭后道輔伏闕【註】尙美人有寵與后郭氏爭於帝前后怒批其頰帝起救之誤批帝頸帝怒告平章呂夷簡呂有憾於后贊帝廢之御史中丞孔道輔右司諫范仲淹等十人伏闕諫俱謫知遠州【增註】道輔使契丹有伶人以文宣王爲戲輔怫然徑去主客者請還謝輔正色曰侮慢先聖北朝之過也何謝　道輔等入諫殿門闔不爲通道輔扣環大呼曰皇后被廢奈何不聽臺臣言因至中書詰夷簡曰大臣之於帝后猶子事父母父母不合可以諫止奈何順父出母乎夷簡曰廢后有漢唐故事道輔曰人臣當道君以堯舜豈得引漢唐失德爲法耶　夷簡自執政後無一可觀但能力主廢后排斥忠良而已其立心造意誠有負於所薦者哉　帝廢后居之瑤華宮內侍閻文應與謀未幾帝頗念之召后后辭曰若再召見須百官立班受冊方可閻文應懼后復立因后小疾帝遣醫視診后暴崩中外皆疑文應進毒帝深悼追復后號以禮葬范仲淹劾文應之罪竄之嶺南道死

夏擾鄜延范韓戮力【註】夏主趙元昊反寇延州鄜州先寇環慶既悉有夏銀綏宥靜鹽會勝甘涼又取瓜沙肅州

地萬里遂稱帝國號夏稱藩於契丹安撫使范雍經畧夏州爲元昊所敗以范仲淹知延州訓練州兵量賊衆寡使更番出禦敵人戒曰小范老子腹中有數萬甲兵不比大范老子可欺也時韓琦與范仲淹俱爲陜西經畧使邊人謡曰軍中有一韓西賊聞之心膽寒軍中有一范西賊聞之驚破膽

遼索關南富弼爭獻納【註】契丹來求關南之地遣知制誥富弼如契丹（夷簡薦弼往歐陽修引顔眞卿使李希烈事請留之不報弼得命卽行）反復言不可北朝得地爲榮南朝失地爲辱兄弟之國豈可一榮一辱議結婚又却之議納幣契丹主曰旣增幣當曰獻弼曰南朝爲兄豈有兄獻弟乎然則納何如弼亦不可契丹遣使來議獻納二字帝用樞密晏殊議與納字

和好遂定【增註】雲間張氏曰昔盧杞之陷眞卿讀史者爲之太息夷簡何爲而踵其故智耶眞卿死於希烈鄭公不屈於契丹事雖不同其忠義一也若夫夷簡之事仁宗首倡廢后之謀繼以排斥忠良今又使陷鄭公君子原情定罪不當置夷簡於盧杞之下又曰鄭公之使契丹其忠義之言溢於簡冊至今讀之令人慨慕孔子曰使於四方不辱君命鄭公有焉乃若夷簡之於鄭公將以死之適以生之將以毀之適以譽之噫九原可作盡當起夷簡而愧之

慶歷以還掩兵崇德【註】慶歷仁帝年號自此以後偃武修文【增註】帝增制書算拔萃高蹈丘園沈淪草澤茂才異等以待布衣之被舉者又置武舉科以待才畧智謀之士

彥博韓琦仲淹富弼杜衍歐陽相業殊絶【註】平章文彥博逮事四朝任將相五十年名聞四海　平章韓琦以未建儲懷漢書孔光傳以進曰成帝無嗣立弟之子彼中材之主猶能之况陛下乎乃立濮王允讓子宗實爲皇

子賜名曙　資政殿大學士范仲淹封汝南公上十事明黜陟抑僥倖精貢舉擇長官均公田厚農桑修武備推恩信重命令減徭役帝悉用之　平章富弼上當世之務十餘事又上安邊十三策　平章兼樞密使杜衍務裁僥倖每有內降率寢格不行倩介有大節恒積詔旨至十數輒納帝前多所匡益　參知政事歐陽修以兵民財利之要中書所當知者集爲總目遇事取視之不復求諸有司文學之事帝必問之【增註】遼使入朝見彥博嘆爲天下異人　帝問置相於王素素對曰唯宦官宮妾不知姓名者可充其選帝曰如是則富弼耳

包拯河清王素鶻擊【註】開封尹包拯立朝剛毅人以其笑比黃河清京師語曰關節不到有閻羅包老後遷龍圖閣待制人呼爲包待制又呼爲包龍圖　王素知諫院遇事感發多所匡規樞密王德用嘗進二女於帝素論之帝曰朕眞宗皇帝子卿王旦子原有世誼非他人比德用實進女已事朕左右奈何素曰臣之憂正恐在左右耳帝立遣二女出

唐介直聲張昇孤立【註】殿中侍御史裏行唐介以張貴妃寵冠後庭妃伯堯佐驟除宣徽使介力爭帝曰除擬本出中書時文彥博爲首相介劾其知益州日造間金奇錦緣閹侍通宮掖以得執政請罷之用富弼帝怒貶英州別駕　御史中丞張昇指切時事帝曰卿孤立乃能如是對曰臣仰託聖主致位侍從是爲不孤今陛下之臣持祿養望者多赤心謀國者少竊以爲乃孤立耳帝爲感動

趙抃蔡襄克舉諫職【註】殿中侍御史趙抃彈劾不避權貴京師目爲鐵面御史蔡襄知諫院喜賢路開而慮正人難久立上疏諫之帝奬其敢言

德用狄青援作樞密【註】王德用面黑自頸以下白皙以太子太師致仕遼使語譯者曰黑面相公乃復起耶帝聞之遂拜樞密使知延州狄青善談兵參知政事范仲淹見之曰此良將材也授以左氏春秋青由是折節讀書悉通秦漢以來將帥兵法召拜樞密副使【增註】青善騎射臨敵披髮帶銅面具出入敵中皆披靡時征夏人帝命圖青形以進

孫復胡瑗太學矜式【註】國子監直講胡瑗居太學其徒至不能容取旁官舍處之禮部所得士瑗弟子十居四五衣服容止往往相類人遇之不問而知爲瑗弟子時孫復同爲直講教養不及瑗而治經過之二人多不合嘗避不見

王珪受旨英宗踐極【註】時立太子召翰林學士王珪草詔珪曰此大事非受旨不可明日請對帝曰朕意決矣珪再拜賀退而草詔帝在位四十一年暴崩於福寧殿太子曙立是爲英宗【增註】建元治平　珪以文學見推流輩然自執政至宰相事神宗凡十六年無所建明率諂諛將順時目爲三旨相公以其上殿進呈云取聖旨上可否訖云領聖旨退諭禀事者云已得聖旨也　英宗受命入宮戒其舍人曰謹守吾舍上有適嗣吾歸矣因肩輿赴召良賤不滿三十人行李蕭然惟書數廚而已中外相賀

曹后處分守忠搆隙【註】詔請皇太后同聽政后性慈儉涉經史及聽政多援經義以決事中外章奏綱要未嘗出己意檢柅曹氏及左右不以假借宮省肅然　初仁宗

未有儲嗣屬意於帝內侍任守忠建議欲援立昏弱以
邀大利及帝即位乘帝疾又交搆兩宮【增註】帝之初立同曹太后臨朝未幾宦官讒間兩宮不和賴韓歐調護而安然優禮大臣愛民好儒足爲良主惜乎在位僅四年享國不永是時諸儒理學如日經天謂皆自仁英二廟培植非信然耶　帝初名宗實更名曙濮安懿王允讓子仁宗無嗣養於宮中封鉅鹿郡公

韓歐調護兩宮疑釋【註】知諫院司馬光論守忠離間罪乞
斬都市帝納其言翼日尚書右僕射韓琦出空頭勅一
道參知政事歐陽修已簽命趙槩書之既而琦坐政事
堂取空頭勅塡與之召守忠至庭下遂責蘄州安置即
日起行其黨悉竄南方釁疑得釋遂爲母子如初琦卒
諡忠獻【增註】曹太后臨朝韓琦欲太后還政乃取十餘事白帝帝裁決悉當琦白太后后稱善琦因求去太后曰相公不可去我當歸深宮耳言甫畢琦即命鑾儀司撤簾簾落猶於御屏後見太后衣　知諫院呂誨上書兩宮開陳大義詞旨深切兩宮猶未釋然歐陽修進曰先王在位久德澤在人故一日晏駕天下奉戴嗣君無敢異同者今太后一婦人臣等五六書生耳非先帝遺意誰肯聽從韓琦曰臣等在外聖躬若失調護太后不得辭責后驚曰是何言我心更切也其同列聞之莫不流汗後琦獨見帝帝曰太后待我少恩琦曰自古聖帝明王不爲少矣獨稱舜爲大孝豈其餘盡不孝哉父母慈而子孝此常事不足道惟不慈而子不失孝乃爲可稱但恐陛下事之未至耳父母豈有不慈者哉帝大感悟

廬陵異議呂范同斥【註】翰林學士王珪等議帝當稱濮王
爲皇伯參知政事廬陵歐陽修言本生之親改稱皇伯
歷考前世皆無典據進封大國則又禮無加爵之道侍
御史呂誨范純仁監察御史呂大防等以爲珪議是劾
修首開邪說陷帝於過舉既而太后詔帝稱濮王爲親
即園立廟遂謫呂誨范純仁呂大防等於州縣【增註】程伊川曰言事之臣知稱親之非而不明尊崇之禮使濮王與諸父等若尊稱爲皇伯父濮國大王則在濮王極尊

崇之道於仁宗無嫌貳之失矣

厥時文名歐陽蘇曾【註】歐陽修字六一廬陵人蘇氏父子兄弟老蘇名洵字明允軾字子瞻轍字子由眉州人曾鞏字子固皆以文章名世

周程張邵理學大興【註】周敦頤字茂叔大程名顥字伯淳河南人文彥博表其墓曰明道先生二程名頤字正叔與兄顥同受學於春陵周茂叔學者稱爲伊川先生張横渠名載邵康節名雍字堯夫洛人均以理學名世【增註】茂叔道州營道縣之濂溪人諡元公著太極說通書朱子謂其上接洙泗之統下啟河洛百世之傳爲名儒冠　張載字子厚學者稱爲横渠先生關中人被其教皆躬行之實著西銘傳於世　康節自范陽遷河南受學於北陵李之才得河圖洛書之祕

治平四載治日蒸蒸惜不永年祖武誰繩【註】帝在位四年

崩子頊立是爲神宗【增註】建元熙寧元豐

神宗嗣位勤儉稱賢【註】帝勵精求治不御田游不治宮室惟儉惟勤將以大有爲也誤用安石變更成法以禍蒼生亡宋之由實自帝始【增註】神宗願治之心可謂至矣向非安石蠱其心志則當日人才濟濟其爲治豈漢唐之君所可及哉　安石言周置泉府之官以榷制兼并均濟貧乏變通天下之財後世惟桑弘羊劉晏粗合此意　蘇軾曰陛下天縱文武不患不明不患不勤不患不斷但患求治太急聽言太廣進人太銳願鎮以安靜待時之來然後應之帝悚然久之　王安石之將相也邵雍過天津橋聞杜鵑聲曰洛陽向無此鳥禽鳥得氣之先天下將治地氣自北而南將亂自南而北今南方地氣至矣上必用南人作相多用南人天下從此多事矣　雲問張氏曰王安石之奸李師中知之韓魏公知之呂誨知之吳奎知之而唐介孫固亦知之獨韓維呂公著兄弟極稱揚之使其知而薦之則韓呂不惟爲諸公之罪人且爲萬世之罪人也

奈信任王制作紛然傳會經義新法興焉【註】王安石託名

經術創立新法帝信之不疑【增註】唐介言安石難大任上曰文學不可任耶經術不可任耶吏事不可任耶介曰安石好學而泥古議論迂濶若使爲政必多變更韓琦曰安石爲翰林學士則有餘處輔弼之地則不可

制置三司條例成編招來後進屏斥老成【註】新法條例農田水利青苗均輸保甲免役市易保馬方田諸役也曾布簡正中書五房凡有奏請朝臣以爲不便者布上疏條析俾帝專任安石立制置三司命陳升之王安石領之朝臣如司馬光蘇軾呂公著等言新法不便者皆貶

又引眞州推官呂惠卿共事【增註】又以章惇爲三司條例官惠卿初附安石後復叛之安石復相惠卿貶外安石曰國用不足以未得善理財者故也司馬光曰善理財者不過頭會箕斂耳安石曰不然善理財者不加賦而用自足光曰天下安有此理天地所生財貨不在民則在官彼設法奪民其害乃甚於加賦此蓋桑弘羊欺武帝之言太史公書之以見其不明耳帝問侍讀孫固曰安石可相否對曰安石文行甚高處侍從獻納之職可矣宰相自有度安石狷狹少容必求賢相呂公著司馬光韓維其人也

青苗僱役民不聊生【註】安石與惠卿議以常平倉糴本散與人戶令出息二分春散秋斂曰青苗法時歲饑征斂苛急東北流民至身被瑣械而負瓦揭木賣以償官安上門監鄭俠繪爲圖密疏以奏帝觀圖寢不能寐翼日命罷青苗免役等凡十八事卽日大雨惠卿請復行新法詔從之下俠於獄 立募役法計民之貧富分五等輸錢名免役錢若官戶女戶寺觀單丁未成丁者亦等第輸錢名助役錢凡輸錢先視州若縣應用僱值多少隨戶等均取僱值又增二分以備水旱欠闕謂取之免役寬剩錢用其錢募人代役由是單丁女戶鰥寡孤獨

之人俱不免役或免役出錢不均者創手實法其法官爲定立物價使民各以田畝屋宅資貨畜產隨價自占非用器食粟而輒應落者許告有實以三分之一充賞預具式示民令依式爲狀縣受而籍之於是民家尺椽寸土小而雞豚亦搜括無遺民不聊生【增註】時謂呂惠卿爲護法善神韓絳爲傳法沙門　富弼謂帝曰人君好惡不可令人窺側可測則奸人得以傅會而進安石言災異皆天數非關人事得失所致弼歎曰人主所畏者天耳不畏天何事不可爲此必奸人欲進邪說以搖上心使輔弼諍諫之臣無所施其力是治亂之機不可以不速救卽上書數千言力論之　安石與劉恕友善欲引置三司條例恕以不習金穀爲辭且曰天子屬公以大政宜恢張堯舜之道以佐明主不應以利爲先安石怒與之絕　知開封府滕甫謂帝曰治亂之道如黑白東西所以變色易位者朋黨汨之也帝曰卿知君子小人之黨乎甫曰君子無黨譬之草木綢繆相附者必蔓草非松柏也朝廷無朋黨雖中主可以濟不然雖上聖亦殆上以爲名言　范純仁曰安石以富強之術啟迪上心鄙老成爲因循棄公論爲流俗異己者爲不肖合意者爲賢人在廷之臣方大半趨附陛下又從而驅之其將何所不至道遠者理當馴致事大者不可速成人才不可急求積弊不可頓革倘欲功效急就亦爲僉壬所乘宜速還言者而退安石　司馬光曰青苗之散使者恐其逋負必令貧富相保貧者無可償則散而之四方富者不能去必責使代償十年之外貧者旣盡富者亦貧常平又廢加之以師旅因之以飢饉民之羸者必委死溝壑壯者必聚而爲盜此事之必至者也　翰林學士致仕范鎭上書曰陛下有納諫之資大臣進拒諫之計陛下有愛民之情大臣用殘民之術願集羣議爲耳目以除壅蔽之奸任老成爲腹心以養中和之福天下聞而壯之蘇軾往賀曰公雖退名益重矣范鎭愀然曰君子言聽計從消患於未萌使天下陰受其賜無智名無勇功吾獨不得爲此使天下受其害而吾享其名吾何心哉

用師西夏徐禧殞身【註】詔宦官李憲會陜西河東五路之師討西夏敗績給事中徐禧等死之

界遼割地蹙國喪兵【註】遼以河東路沿邊戍壘侵蔚應朔三州界內乞行毀撤別立界址安石勸帝從遼使議分

嶺爲界割新疆與之東西失地七百里

先見呂誨辨奸蘇洵 註 初安石執政士大夫多以爲得人御史中丞呂誨獨言其不通時事將入對學士司馬光密問所言事誨曰袖中彈文乃新參也光愕然誨曰君實亦爲是耶安石雖有時名而執偏見聽其言則美施於用則疎置諸宰輔天下必受其禍遂疏劾之罷誨知鄧州安石益橫　安石自奉至儉衣垢不浣面垢不洗世多稱其賢蘇洵曰凡不近人情者鮮不爲大奸慝作辨奸論刺之 增註 誨字獻可呂端孫也司馬光曰人言安石奸邪則毁之太過但不曉事又執拗耳　誨上疏言大奸似忠大詐似信羣陰彙進賢者盡去亂由是生臣究安石之迹固無遠略惟務改法立異於人文言飾非罔上欺下誤天下蒼生必斯人也誨疾表求致仕曰臣本無宿疾偶値醫者用術乖方妄投藥劑寖成風痺遂難行步非祇憚跛戾之苦又將虞心腹之變勢已及此爲之奈何蓋以身疾喻朝政也

司馬光往省之目已瞑聞光哭張目强視曰天下事尚可爲君實勉之遂卒　唐坰初附安石得御史後安石疑其輕脫將背已立名不除職坰果怒因叩陛請對搢笏展疏目安石曰王安石近御座聽剳子安石遲遲坰訶曰陛下前猶敢如此在外可知安石悚然進坰高聲宣讀凡六十條大抵言安石專作威福曾布表裏擅權文彦博馮京知而不言王珪曲事安石無異厮僕且讀且目珪珪慚懼又言薛向陳繹安石頤指氣使無異家奴張琥李定爲安石爪牙張商英乃安石鷹犬至詆安石爲李林甫盧杞帝屢止之坰慷慨自如讀已下殿

惜不見聽馴致亂升 註 神宗不聽呂誨等所劾致禍亂曰升帝在位十八年崩太子煦立是爲哲宗 增註 建元元符紹聖元祐

哲宗初年高后垂簾 註 帝冲年嗣位太皇太后高氏臨朝九年朝廷清明人以爲女中堯舜 增註 后侍中高瓊曾孫女也英宗后　帝幼冲踐阼高太后臨朝任用賢相庶事修舉後熙豐小人得志橫行追貶元祐正人殆無虛日以致禍亂而金狄之難萌徽欽之禍兆矣

司馬輔相敵國戒邊【註】以司馬光爲尚書左僕射兼門下
侍郎罷青苗法悉免錢役遣人敕其邊吏曰中國相司
馬矣毋輕生事以開邊隙【增註】光居洛十五年至是入臨衛士望見舉手加額
曰此司馬相公也所至居民聚觀馬至不得行曰公無
歸洛願留相天子活百姓　光奏十科取士法一行義
純固可爲師表二節操方正可備獻納三智勇過人可
備將帥四公正聰明可備監司五經術精通可備講讀
六學問該博可備顧問七文章典麗可備著述八善聽
獄訟盡公得實九善治財賦公私俱便十練習法令能
斷請讞
潞公元老程子經筵【註】文彥博居洛司馬光言其夙德元
老宜起以自輔太后乃命平章軍國事　程頤在經筵
以禮法自持
純仁公著相業稱賢【註】同知樞密院事范純仁文正公子
平章軍國事呂公著同心輔國純仁務以博大開上意

忠厚革士風公著上十事曰畏天愛民修身講學任賢
納諫薄斂省刑去奢無逸【增註】范忠宣嘗曰吾平生所學得之忠恕二字一生
用不盡戒子弟曰人雖至愚責人則明雖有聰明恕己
則昏苟能以責人之心責己不患不至於聖賢地位也
奈何朔黨蜀洛相詬【註】程頤爲崇政殿說書每進講色甚
莊翰林學士蘇軾謂其不近人情頤門人司諫賈易等
劾軾訕謗時羣賢在朝以類從遂有洛黨蜀黨朔黨之
語頤爲洛黨首朱買等爲輔軾爲蜀黨首呂陶等爲
輔門下中書侍郎劉摯梁燾爲朔黨首輔之者尤衆時
神宗熙豐用事之臣退休散地陰伺間隙諸賢不悟各
爲朋黨以相訾議【增註】初安石議廢明經詩賦諸科以復古三物賓興之典蘇軾上言
曰設科目以求士是率天下而僞也上以孝取人則勇
者割股怯者廬墓上以廉取人則惡衣菲食蔽車羸馬
接踵至矣自文章言則策論爲有用詩賦爲無益自政
事言詩賦策論均無用也然祖宗以來莫之廢何哉設

科取士不過如是而已進士中文章華麗無如楊億使億尙在則忠淸强介之士也通經學古無如孫復石介使復介尙在則迂濶誕謾之士也自唐至今以詩賦爲名臣者不可勝數亦何負於天下而必欲廢之上閱疏日吾固疑此得軾言釋然矣

畏叛大防首攻元祐【註】初侍御史楊畏上疏乞紹述先政中書侍郎呂大防稱畏敢言且密約其助己超遷畏爲禮部侍郎至是畏首叛大防及進士對策考官第主元祐者居上楊畏覆考之乃悉降下而以主熙豐者前列自是紹述之論大興　洛蜀朔三黨爲元祐諸臣

二蔡二惇羣奸畢售【註】翰林學士承旨蔡京國史修撰蔡卞尙書左僕射章惇御史中丞安惇與王安石等皆熙豐舊臣自司馬光卒多爲蜚語以搖大臣爲自全計呂大防范純仁尤畏之欲用其黨以平舊怨謂之調停檢

正中書曾布中書侍郎呂惠卿李淸臣等皆羣奸也請復先帝政事託名紹述以報復仇怨元祐名臣皆被貶黜禁錮其父兄子弟自司馬光以下二百餘人爲黨籍蔡京書碑頒於天下淸流無一倖免【增註】惇初被召晤陳瓘於舟中訪以當世之務瓘曰請以舟喩偏重其可行乎移左置右其偏一也上方虛心以待公敢問以何事爲先惇曰司馬光姦黨所當先辨瓘曰相公誤矣此猶欲平舟勢而移左以置右也

祖禹陳瓘藥言罔救【註】翰林學士范祖禹以帝欲相章惇極言不可出知陝州　權給事中陳瓘會布使客告以將即眞瓘語子正彙曰是欲以官爵餌我也吾有一書論其過且持入省出書布怒爭辨移時瓘色不變徐起言曰適所論者國事是非有公議公未可遽失待士體布憮然改容信宿出瓘知泰州【增註】布字子宣鞏之弟安石黨也韓忠彥

爲布所排罷知大名府　祖禹慮小人乘隙害政上疏曰陛下新攬庶政此國家隆替之本社稷安危之機生民休戚之端君子小人消長之際天命人心去就離合之時也先后有大功於宗社九年之間始終如一然羣小怨恨必將以改先帝政逐先帝臣爲言以事離間願深燭其奸付之典刑痛懲一人以警慝此輩既誤先帝又欲誤陛下天下之事豈堪小人再破壞耶蘇軾見之曰此經世之文也遂附名同進

詆誣宣仁廢斥孟后【註】章惇蔡卞等恐元祐諸臣復起結內侍郝隨爲助媒孽宣仁嘗欲危帝之事自作詔書請廢宣仁爲庶人太后向氏聞之號泣爲辨曰吾日侍崇慶宮天日在上此語曷從出且帝必如此亦何有於我帝悟取惇卞奏焚之明日惇卞再奏堅請廢后帝抵之於地事乃寢　時劉婕妤恃寵與孟后有隙未幾后養母爲后禱祠事聞章惇陰附婕妤內侍郝隨搆獄廢后爲華陽教主玉清妙靜仙師法名沖眞【增註】太后疾篤大臣入問

太后曰先帝追悔往事至於泣下此事官家宜深知之然老身沒後必有調戲官家者切勿聽卿等亦宜早退讓官家另用一番人呼左右賜諸臣社飯曰明年食社飯時思念老身也及崩熙寧諸邪遂以善繼善述誘哲宗安石之餘復熾羣小起而元祐諸賢殆矣鄒浩露章劾章惇不忠慢上之罪又言劉妃與孟后爭寵后既廢今又立妃爲后殊累聖德帝怒竄新州雲間張氏曰豫讓不諫智伯之貪地而徒殺身於亡國之後褚遂良不諫武氏再入而徒叩頭於冊命之日鄒浩不諫哲宗於廢后之時而徒進言於立妃爲后之日是智氏之豫讓李唐之遂良汴宋之鄒浩其失一也雖然孤忠勁節抑亦人所難能矣

貶削諸賢議及塚柩【註】章惇二蔡以三省言司馬光等誣毀先帝奪司馬光呂公著等贈謚貶呂大防劉摯蘇軾梁燾等官流之嶺南貶韓維等三十六人官又請發光公著冢斲棺暴屍帝問尚書左丞許將將對以非盛德事乃止帝在位十五年崩無嗣弟端王佶立是爲徽宗神宗十一子也【增註】建元曰建中靖國崇寧大觀政和重和宣和

徽宗初服政由向后【註】太后向氏同聽政尊神宗后爲太后【增註】帝機巧多技大興土木窮極淫樂天變民怨盜賊雖平反覆不省屏忠任奸約金滅遼尋爲金欺虜帝北行封昏德公殂五國城哀哉

首擢忠彥賢良輻輳【註】以韓忠彥爲門下侍郎尚書僕射忠彥入對陳四事曰廣仁恩開言路去疑似戒用兵太后納之免章蔡等官復范純仁等官徙蘇軾等於內郡自是忠直敢言知名之士遂復集焉

後任蔡京紹述如舊【註】後太后罷聽政信曾布言復名蔡京爲翰林學士承旨言聽計從由是復爲紹述詔籍元祐諸臣蘇軾范純仁劉奉世等五十餘人不得與在京差遣司馬光等二十一人子孫無得官京師【增註】京自書黨人碑頒於郡縣石工安民當鐫字辭曰民愚人固不知立碑之意但如司馬相公海內稱其正直今謂之奸邪民不忍刻也府官怒欲加之罪民泣曰被役不敢辭乞免鐫我名於石末使得罪後世聞者愧之　徽宗圖熙寧元豐功臣於顯謨閣以比漢之麒麟雲臺唐之凌煙吁漢唐所圖者興王之功臣徽宗所圖者亡國之功臣可發一粲辟雍初成詔荆國公王安石孟軻以來一人而已其以配享孔子又以安石子雱爲臨川伯從祀孔廟此事與明季以魏忠賢配享同

伯雨陳禾竭忠莫救【註】權給事中任伯雨彈劾權貴半歲之間凡一百八疏大臣畏其多言密諭以少默卽爲眞伯雨不聽抗論愈力既而欲劾曾布布覺乃徙爲度支員外郞右正言陳禾劾檢校司空童貫怙寵弄權乞急竄遠方論奏未終帝拂衣起禾引帝衣請畢其說衣裾落帝曰正言碎朕衣禾言陛下不惜碎衣臣豈惜碎首以報言愈切帝曰卿能如此朕復何憂內侍請帝易衣帝曰留以旌直臣翼日童貫奏禾狂妄謫信州監酒稅

【增註】時人稱蔡京爲公相童貫爲媼相梁師成爲隱相

王梁朱李奸欺反售【註】王黼善佞寵傾一時官少宰內侍梁師成善逢迎官太尉蘇人朱冲子勔諂事蔡京京竄其名於童貫軍籍中皆得官宦者李彥以奸佞重用【增註】京黼等以玩游進媚遂令圍苑皆倣浙江爲白屋不施五采多爲村居野店聚珍禽異獸實其中每秋風静夜獸聲四徹宛然山林荒寂之間識者知爲不祥之兆時有狐升御榻而坐都中賣蔬果男子孕而誕子蓐母不能取易七人始免而逃去酒家朱氏子其妻忽生髭年可四十餘髭長六七寸疎秀甚美詔爲女道士東門賣菜夫至宣德門忽迷罔釋荷擔戟手罵曰太祖皇帝神宗皇帝使我來道尚宜速改邏卒捕之下開封獄

花石括田民力孔疚【註】帝垂意花石蔡京諷朱勔取浙中珍異以進號花石綱士庶家一草一木稍堪玩者卽領健卒入其家用黃封表識使護視之微不謹卽被以不恭罪及發行必撤屋以出人不幸有一物小異共指不祥詔宦者李彥括民間美田使他人投牒指爲天荒雖執印券亦不省天下均有不樂其生之志

教主道君尊稱亦陋【註】帝諷道籙院曰朕乃上帝元子爲太霄帝君愍上帝願爲人主令天下歸爲正道卿等可上表章册朕爲教主道君皇帝於是羣臣及道籙院上表册之

結金滅遼廟謨尤謬【註】帝聽漢人高藥師言遣武義大夫馬政同藥師浮海使金約夾攻遼金人侵遼上京留守耶律撻不野以城降尋克遼中京西京燕京遂獲遼延禧以歸【增註】遼契丹之改號金本屬於遼金始祖完顏阿骨打始叛遼攻遼黃龍府次混同江無舟不得渡金主使一人前導自乘赭白馬徑渡曰視吾鞭所指而行諸軍隨之遂濟克黃龍府滅遼　混同江卽黑龍江　遼張瑴以平州來歸納之趙良嗣曰國家新與金盟如此必失其歡心不聽金人遂用此興師

童貫逃歸金人入寇 註 金人遣使來許割雲中諸州帝信之遣廣陽郡王童貫往受地至太原聞金將粘没喝南下貫欲遁還京師太原府張孝純曰金人渝盟大王當會諸路將士竭力枝梧若去人心必搖是以河東與金也河東既失河北豈能復保貫怒曰貫受命宣撫非守土也今置帥臣何爲遂逃歸金怨宋索糧不與遣將入寇粘没喝陷朔代州幹離不入澶薊州盡陷燕山州縣 增註 貫置局於蘇杭造器用牙角犀玉金銀竹藤裝畫雕刻諸色役匠料物悉科於民貫因是封廣陽郡王宦者封王始此 金兵長驅過河上不得已傳位卽責郎幸亳州鎭江金陵金退復還京師夫豈欲昏德公因首青城遠竄五國然後可消四海之怨而釋祖宗之隱恨耶上有詩云日射晚霞金世界月溶梵宇玉乾坤亦詩讖也

內禪欽宗六賊斯殛 註 金師日迫開封儀同三司蔡攸知上意欲內禪引給事中吳敏入對禪位太子是爲欽宗 增註 建元靖康 太學生陳東上書以蔡京梁師成李彥朱勔王黼童貫爲六賊當誅尋竄京於儋州道死貶師成彰化節度副使尋與彥同賜死並籍其家放勔歸田里尋伏誅竄黼永州籍其家至永爲盜所殺貫亦伏誅 增註 雲間張氏曰陳東之言賈太傅所謂痛哭者是也欽宗卽位之初正當奮乾綱之斷卽以六奸肆諸市朝詔告天下庶金人聞新君如此有爲氣亦少沮汴宋基圖孰得搖之惜乎其行之而不果也 東上書論今日之事蔡京壞亂於前梁師成陰賊於內李彥結怨於西北朱勔結怨於東南王黼童貫結怨於二虜宜誅六賊以謝天下

邦彥南仲主和誤國 註 宰相李邦彥尚書左丞耿南仲力主和議致國淪滅 增註 邦彥時人目爲浪子宰相南仲遣還西南兩道勤王兵後遂無一人至者下哀痛詔徵兵不應同知樞密孫傳因讀邱濬感事詩有郭京楊適劉無忌之語於市中訪得無忌

龍衛兵中得京好事者言京能六甲法可以生擒金將其法用七千七百七十七人朝廷深信不疑使自募兵無問技能但擇年命合六甲者所得皆市井游惰何㮚趣之使戰於是大啟宣化門出戰大敗而還城遂陷

李綱師道勤見牽掣【註】金兵圍京師東京留守李綱力戰禦之方議和都統姚平仲夜斫敵營兵敗金詰責用兵之故乃罷綱以謝兩河宣撫使种師道揣敵必大舉請幸長安以避其鋒大臣以爲怯召師道還金師日逼徽宗在位二十五年欽宗在位一年【增註】太學生陳東上書言李綱奮不顧身任天下之重所謂社稷之臣也李邦彥白時中張邦昌趙野王孝迪蔡懋李梲之徒庸謬不才動爲身謀不恤國計所謂社稷之賊也陛下拔綱中外相慶而邦彥等疾之如仇恐其成功因緣沮敗罷綱非特墮邦彥等計中又墮虜計中也乞復用綱而斥邦彥等且以閫計付种師道宗社存亡在此一舉時軍民不期而集者數萬人

父子北轅邦昌僭立【註】京師陷帝奉表降割河東北以畀金金劫二帝入青城營北去金封徽宗昏德公欽宗重昏侯居之五國城高宗紹興五年徽宗殂二十四年欽宗被害　少保張邦昌與康王構質於金以議和後金人索金銀財幣未遂意屢陷中華州縣遣翰林承旨吳幵吏部尚書莫儔入京議立異姓王時雍知敵意在張邦昌以之入議狀南道都總管張叔夜不願金人執置軍中御史中丞秦檜立邦昌爲楚帝是日風霾日暈無光僭立四十日金人退邦昌自去帝號詣闕伏罪高宗正位貶潭州尋賜死【增註】二帝北狩康王未正位號金人陷京師以邦昌爲帝號大楚邦昌心不安會兵部尚書呂好問勸邦昌力奉元祐孟后垂簾聽政而遣謝克家等奉國寶詣濟州勸進孟后手書告中外曰歷年二百人不知兵傳緒九君世無失德雖舉屬有北轅之釁而敷天同左袒之心乃眷賢王越居近服漢家之厄十世宜光武之中興獻公之子九人惟重耳之尙在茲乃天意夫豈人謀太常卿汪藻

之詞也康王乃即帝位濟州今濟寧州呂好問能
警邦昌叛逆之心潛消金人豺虎之氣眞有狄梁公之
心迹張子房
之智略矣

劉李張吳後先抗節【註】金欲相學士劉韐韐歸書片紙曰
忠臣不事二君即酌巵酒縊死金劫上皇及后妃太子
宗戚去逼帝及上皇易服吏部侍郎李若水抱帝大哭
詆金人爲狗輩駡不絕口爲所殺簽書樞密院事張叔
夜既北遷道中時飲水不食金粟至白溝御者曰過界
河矣叔夜矍然起仰天大呼遂不復語即扼吭死張邦
昌初立王時雍等率百官遽拜閤門宣贊舍人吳革恥
失節率內親事官數百人討之不克而死【增註】金人相謂曰昔
遼亡死義者十數南朝惟李侍郎一人耳時主帝位
者非趙而張非君而臣且非宋而改爲楚九族六宮盡
遭荼毒斯時而始曰宰相誤
我父子噫豈止誤君父子哉

北宋以亡寧非否德【註】北宋之淪亡邇秦檜李邦彥耿南
仲也

南宋都臨安在汴之南故曰南宋自是中原陝右悉
爲金有和議成東畫長淮西割商秦之半以散
關爲界所存者兩淮江東西湖南
北西蜀閩廣而已臨安今杭州

高賴宗澤遮留磁相【註】高宗名構字德基徽宗第九子封
康王副元帥宗澤大敗金人於衛州江左偏安實賴之
高宗初奉使至磁州爲士民所留拜大元帥俾率師入
援泥馬渡江以開南宋【增註】建元建炎紹興高宗即
位後上皇手書至曰便可
即眞來救父母上泣而已帝恭儉仁厚以之繼體守
文或有餘撥亂反正則不足當其初立因四方勤王之
師內相李綱外任宗澤天下事宜無不可爲者乃播遷
窮僻坐失機宜惑汪黃信秦檜匿怨忘親慚德多矣

東平移駐即位建康【註】嘗次師東平州帝即位建康後
都臨安東平今山東泰安府屬

相綱兩月信任汪黃【註】李綱爲尙書僕射兼門下中書侍郎甫兩月信任汪伯彥黃潛善時金兵橫行盜賊蠭起二人不以上聞帝以爲尙書左右僕射兼門下中書侍郎【增註】綱以十事進高宗自比姚崇何其偉哉史稱姚崇宋璟爲開元賢相而璟之剛直又過於崇觀夫綱之節操乃知其爲宋璟之流非崇比也況當南渡顚沛流離幾凋金人之吻又非玄宗平內亂之比綱於此時一有忠悃之謀卽爲奸佞所沮卒致君臣之好不終觀此則知綱事又難於璟也多矣中丞張守疏曰陛下處宮室之安則思二帝母后穹廬毳幕之居享膳羞之奉則思二帝母后羶肉酪漿之味服細暖之衣則思二帝母后窮居絶塞之寒苦操予奪之柄則思二帝母后語言動作受制於虜享嬪御之適則思二帝母后誰爲之使令對臣下之朝則思二帝母后誰爲之尊禮

紹興間宮中養鴿每日羣飛於外太學士人作詩曰

萬鴿飛翔繞帝都　晨昏收放費功夫
何如養取雲邊雁　沙漠能傳二帝書

陳東歐澈極忠被戮【註】太學生陳東上書乞留李綱而罷汪伯彥黃潛善不報又上疏請帝親征以還二聖車駕宜還京師勿幸金陵又不報會撫州布衣歐陽澈徒步詣行在上書極詆用事大臣潛善以語激帝怒言若不亟誅將復鼓衆伏闕書獨下潛善所陳東遂具衣冠出別同邸與澈同斬於市

兩京輕棄遁揚及杭【註】東京留守宗澤戮力王室請帝還京帝用汪黃計東幸兩河郡縣相繼淪陷　兩京東京西京也　澤每建議輒爲汪黃沮抑憂憤成疾大呼渡河者三而卒初帝決意幸揚州澤上疏切諫乃下詔欲還京師不果遁至鎭江召羣臣問計或言錢塘有重江之險遂駐蹕杭州【增註】方二帝北行宗社失主宗澤一呼而河北義旅數十萬衆若響之應聲澤之忠義有以風動之也使當時無或齟齬牽制之則反二帝復舊都一指顧間耳汪黃嫉能忌功而帝惑於憸邪善善而不能用使澤不得伸其志悲哉澤在東京金人憚之對南人言必曰宗爺爺屢表請帝

還京不見聽憂憤成疾諸將問疾澤矍然曰吾以二帝蒙塵憤憤至此汝等能殲賊則吾死無恨衆皆流涕曰敢不盡力臨終無一語及家事連呼渡河殺賊者三自澤死後代澤皆庸材恢復之業衰矣 秉義郎岳飛犯法將刑澤一見奇之曰將材也赦之使立功贖罪授以陣圖法遂成有宋儒將 帝不都金陵不都襄陽而都臨安有以知帝無恢復之志於是秦檜竊帝隱不欲迎還兩宮因力主和議

苗劉廢立張呂勤王【註】扈從統制苗傅劉正彥以功多賞薄作亂刼帝傳位於皇子旉時年三歲改元明受請隆祐太后臨朝未幾樞密院張浚江東安撫使呂頤浩等誅之帝復位改江寧爲建康府【增註】起居郎胡寅疏曰陛下以親王介弟受淵聖帝之命出師河北二聖既遷則當糾合義師北向迎請而乃亟居尊位建立太子不復覲宮闕省廢寢偷安歲月畧無扞禦及虜騎乘虛匹馬南渡一向畏縮惟務遠逃軍民怨恣恐非自全之計也呂頤浩惡其切直罷之 苗劉廢立雖賴張韓呂會兵討平然非僕射朱勝非請禪位於旉則後圖亦恐不及故元祐太后私語上曰幸相此人若汪黃在位事已狼籍矣王賓胡安國之劾惜未諒其心也 甲子十四年正月樂平縣河衝壞田數十百頃聚爲一直高於岸數尺不假隄防而水自行里南程氏家井水溢高數尺夭矯如虹聲如雷穿牆壞壁二水鬬於杉墩約十數刻乃解水復故此書契所未有者

二兇甫定金兵壓江【註】甫討平苗劉二兇金兀朮大舉入寇陷建康帝遁至臨安如越州兀朮渡江入建康帝奔明州金人陷之襲帝於海帝走溫州兀朮引兵北還陷東京帝還越明州今甯波府越今紹興府

世忠力戰兀朮畏避【註】江西荊湖宣撫副使韓世忠邀擊兀朮江中大敗之世忠以八千人拒兀朮十萬之衆凡四十八日虜兀朮壻龍虎大王兀朮懼願歸所掠以假道世忠不許兀朮窘甚有閩人教以鑿老鸛河五十里趨建業者又爲通秦鎮撫岳飛破之兀朮自龍灣遁去自此不敢復渡江矣

浚喪關西玠保蜀地【註】川陝京湖宣撫處置使張浚謂中興當自關陝始督師守之聞兀朮將至使都統制劉錫秦鳳孫偓及涇原劉錡環慶趙哲四經畧涇原都監吳玠合四十萬人共五路以錫爲統帥迎之前軍統制王彥諫浚不聽遂與金婁室戰於富平浚敗績敵乘勝進關陝大震自是關陝遂不可復議者咎浚喪師失律浚退軍秦州興州遣吳玠守和尙原以拒金兀朮來寇大敗之兀朮中三矢鬀鬚髯遁去 和尙原在寶雞縣西南

金立劉豫號爲齊帝【註】豫初爲河北提刑用張慤薦知濟南府劉豫以金人來攻殺其驍將關勝縋城納款金徙豫知東平河以南悉俾治之遂册豫爲帝國號齊據大

名建元阜昌以關陝地界之盡有中原之地僭位八年金仍廢之並其子麟徙臨潢而死

鼎浚作相志伸大義【註】以趙鼎張浚【增註】鼎字元鎭浚字德遠爲尙書左右僕射並同平章事兼知樞密院都督諸路軍馬二人引拔善類志伸恢復【增註】呂中曰浚有大功五建復辟之議發儲君之議誅范瓊以立國基用吳玠以保全蜀卻劉麟以定江左此但以富平符離之役議之然曹彬岐溝之敗其喪師虧國亦不下富平符離豈可以一眚而掩其大德乎

韓岳劉張恢復相繼【註】江西荊湖宣撫副使韓世忠字良臣以帝憂甚屯兵揚州設伏二十餘所擒金將撻不野等二百餘人論者以此舉爲中興第一武功少保樞密副使武昌侯岳飛字鵬舉大敗金人於廣德又敗之京西遣[illegible]梁興會太行忠義兩河豪傑又大敗之於垣曲沁水復

懷衛州斷山東河北之道追至朱仙鎮今開封府兀朮大恐遁於汴飛欲直抵黃龍府即慕容氏和龍城也在永平府西北兀朮曰自起兵以來未有如今日挫衂東京副留守劉錡聞金人敗盟南下乃督取劉豫所造癡車募壯士五百斫其營是夕天雨電光四起見兀朮兵輒殲之大敗金人於順昌今安徽潁州府兀朮拔營遁平章張俊敗金兵金人號爲鐵山四人相繼恢復中原以寧【增註】飛復襄陽六郡又復蔡州因上疏奏請恢復中原帝不許命飛王貴等還鄂周靜軒曰嗚呼宋事寖不可爲矣是時諸將進取所向有功金虜敗亡心喪膽落而中原之民簞食壺漿以迎誠應天順人機不可失也苟能加以歲月莫或撓之則不惟舊疆可復幽燕亦可復不惟舊恥可清沙漠亦可清惜乎功業粗布沮抑復生秦檜眞萬世罪人也或以飛雖被詔違而前進收復舊物以功贖罪不亦可乎曰禮君命召不俟駕違而前進則是跋扈不臣雖功蓋天下罪亦難贖君子其肯蒙首惡之名哉」兀朮屢爲飛敗欲棄汴去有書生叩馬曰太子毋去自古未有權臣在內大將能立功於外者岳少保且不免兀朮悟後卒如書生所料」雲間張氏曰武穆爲將主之以信義輔之以籌略加之以勇敢又况忠孝素根於心故所向無前功成可必雖古名將不能過焉君子論南渡中興之將當以武穆爲首稱又曰主和議者秦檜排和議者張浚今欲恢復而浚薦檜是猶抱薪救火烏能致其撲滅哉然不可獨罪浚也高宗於檜業榜其罪示不復用何榜墨未乾而遂失信厥後武穆之死人徒知檜殺之也而不知高宗張浚殺之也君子讞武穆之獄當首高宗張浚而從秦檜則庶乎得其當矣史臣曰西漢而下若韓彭絳灌之爲將代不乏人求其文武全器仁智並施如岳飛者一代豈多見哉而卒死於秦檜之手蓋飛與檜勢不兩立使飛得志則金讐可復宋恥可雪檜得志飛有死而已昔檀道濟曰壞汝萬里長城高宗用奸臣殺良將甘心降虜而忘父兄母妻之大仇此素志也君子奚獨罪檜哉

秦檜主和趙張尋廢【註】初金人執御史中丞秦檜以去金主以檜賜達賚爲其任用及達賚南侵檜自軍中趨漣水軍自言殺金監使者奪舟而來拜尚書達賚陰縱檜歸以成和議史臣曰高宗始惑於汪黃終制於秦檜偷

安忍恥匿怨忘親貽譏來世　時趙鼎張浚爲檜所惡中丞詹大方希檜意劾鼎徙之吉陽軍令中丞何若劾張浚放之連州檜益肆無忌憚【增註】鼎謫後謝表有云白首何歸悵餘生之有幾丹心未泯誓九死以不移檜云此老倔强猶昔并自書墓石及銘旌云身騎箕尾歸天上氣作山河壯本朝遂不食死

屈體稱臣胡銓抗議【註】和議成遣簽書樞密院事何鑄奉表稱臣於金金遣左宣徽使劉筈以衮冕圭册策帝爲大宋皇帝樞密院編修官胡銓抗疏極言金不可和乞斬秦檜頭竿藁街遂貶銓監廣州都鹽倉宜興進士吳師古鋟其書於木金人募其書千金【增註】銓字邦衡廬陵人官資政殿學士謚忠簡金行人張通古至詔侍從臺諫議和金得失銓抗疏乞斬王倫秦檜孫近三人檜留虜使責以無禮凡千餘言皆極愷切除名編管進士吳師古鋟其書於木金人搆之千金疏中有云臣有赴東海而死寧能處小朝廷求活耶上以何鑄爲金報謝使進誓表略曰臣搆言既蒙恩造許備藩方世世子孫謹守臣節伏望早降誓詔庶使敝邑永有憑焉

鄂王冤死蘄王休棄【註】鄂王岳飛以恢復爲己任不肯附和議兀朮遺書檜曰必殺飛可和檜亦以飛終梗和議已必及禍諷中丞何鑄論飛罷其兵柄復與張俊謀誘飛部將王俊告飛子雲手書命統制張憲謀據襄陽還飛兵柄檜發金牌十二召飛至矯詔下飛父子於獄使万俟卨鞫之傅會其獄韓世忠詰檜詰其實檜曰雲與憲書雖不明其事莫須有世忠曰莫須有三字何以服天下歲已暮飛獄不決一日檜手書小紙付獄即報飛死雲憲皆棄市　蘄王韓世忠疏言檜誤國罪檜諷言官論之世忠連疏乞罷遂罷爲醴泉觀使【增註】俊字伯英成紀

人善騎射帝於諸將中眷之最厚然忌劉錡附秦檜殺
岳飛爲世所薄　飛裂裳示問官舊有涅成盡忠報國
四字深入膚裏中丞何鑄察飛寃白檜曰鑄豈區區爲
飛者强敵未滅無故戮大將失士卒心非社稷之長計
檜語塞　飛能飲酒數斗上令其至河朔勿飲即絕口
不嘗吳玠嘗飾美女送之飛曰主上宵旰豈人臣安樂
時耶上欲爲飛營第則曰賊未滅何以家爲卻之故張
浚稱之曰忠孝人也飛以智信仁勇嚴將兵慮勝而後
會不顧身家是豈小忠小信所能彷彿者乎　世忠之
識過於武穆所謂鳥見弓而高飛魚驚鉤而遠逝也

逆亮渝盟來石將濟允文視師存亡攸繫【註】金完顏亮弒其主亶而自立背盟南侵令畫工寫臨安湖山以歸爲屛而題其上曰立馬湖山第一峯大舉入寇時劉錡將王權兵潰於昭關退屯采石上欲航海散百官避敵左僕射陳康伯力贊親征命樞臣葉義問督軍江淮而以虞允文參其軍旣而劉錡還鎭江兩淮失守亮由廬入和駐軍雞籠臨采石別以兵爭瓜洲帝以成閔代錡李顯忠代權命中書舍人虞允文往蕪湖迎顯忠交王權軍且犒師允文至采石權已去顯忠未來敵騎充斥官軍三五星散國家安危在此一舉允文謂若坐待顯忠則誤國事召諸將勉以忠義衆請死戰或謂允文受命犒師不受命督戰允文不聽遂大敗金師亮奔揚州錡曰朝廷養兵三十年大功乃出一儒生我輩愧死矣是時金兵四十萬允文所將止一萬八千人【增註】諜者言金前一日刑白黑馬誓衆明日渡江允文乃會諸將列大陣不動分戈船爲五其二並東西兩岸而行其一駐中流藏精兵待戰其二藏小港備不測部分甫畢敵已大呼至亮操小紅旗麾數百艘絕江而來瞬息抵南岸者七十餘艘宋軍小卻允文撫統制時俊背曰汝膽略聞四方立陣後則兒女子耳俊即揮雙刀出士殊死戰中流官軍以海鰌船衝敵舟舟皆平沉敵半死半戰未退會有潰兵自光州來允文授以旗鼓從山後轉出敵疑援兵至始遁又命勁弩追射大敗之允文知亮雖敗明當復來夜半部分諸將分海舟縋上流別遣兵截楊林河口

敵衆至因夾擊之焚其舟三百亮乃趨揚州允文字彬甫隆州人官至少保左丞相謚忠肅邵宏淵忌顯忠靈壁之捷按兵不動且顧衆曰當此盛夏搖扇於淸涼且猶不堪況烈日中披甲苦戰乎人心遂搖顯忠嘆曰天未欲平中原乎何阻撓若此

金立葛王復請和議【註】金人立曹國公烏祿爲帝於遼陽更名雍初封葛王下詔暴揚亮罪數十事亮自采石敗後爲下所殺金主雍入燕遣使入聘帝遣起居舍人洪邁使金復尋和議【增註】初邁父皓使金粘没喝迫使事劉豫皓曰萬里奉命不得奉兩宮南歸恨力不能磔逆豫而事之耶留亦死不事豫亦死願早就鼎鑊粘没喝將殺之旁一校曰眞忠臣也爲皓跪請乃免後和議成得歸其子使於金不屈有父風焉

內禪孝宗太祖之裔【註】上虞縣丞婁寅亮上書曰太祖舍其子而立弟此天下之大公今昌陵之後僅同臣庶藝祖在上莫肯顧歆此金人所以未悔禍也時帝無子專

已卒大感悟乃育太祖子秦王德芳五世孫子偁之子伯琮於宮中母張氏賜名昚立爲太子帝在位三十六年傳位太子是爲孝宗帝自稱太上皇謂羣臣曰付託得人吾無憂矣【增註】建元隆興乾道淳熙帝性至孝事上皇二十六年孝養備至升遐之日哀慕尤切有恢復之志値金主賢明無瑕可蹈南北修好俱得休息雖武功不足而境內粗安用陳俊卿言措置兩淮屯田下朱子社倉法於諸路亦可謂不忘民瘼矣

朱范尹焞舊學藩邸【註】起居郎朱震徽猷閣待制范沖崇政殿說書尹焞帝初爲建王時嘗受業焉

呂陸朱張名儒輩起【註】呂祖謙陸九淵九齡朱松朱熹張繹張栻張洽等俱當世名儒同時蔚起【增註】謙字伯恭九淵字子靜金谿人學者稱爲象山先生栻字敬夫魏公浚長子熹字元晦婺源人聞延平李侗學於羅從彥得伊洛之正築室武夷山中初寓建之崇安後徙建陽之考亭終焉父松疾革屬曰胡憲劉勉之劉子翬三人學有淵源

我死汝往事之　永嘉鄭伯熊薛季宣皆以學行聞陳
傅良字君舉瑞安人師事之及入太學與張栻呂祖謙
友善時婺州陳亮亦力學著書而自孟子後惟推王通
雜于智數法術修皇帝王伯之略號永康之學二人推
尊漢唐謂與三代不異貶抑三代謂與漢唐不殊朱子
嘗曰子靜兄弟氣象甚好其病卻是廢講學而務踐履
其操持謹質表裏不二實是過人處但宗旨本自禪學
中來不可揜諱又曰近日更有一般學問廢經而論史
畧王道尊伯術極論古今興亡之變而不察此心存亡
之端若只如此讀書又不若不讀之爲愈蓋指永嘉永
康也

復召魏公恢復銳意 註 帝初立復召魏公張浚勞之曰朕
倚卿如長城爲江淮宣撫使遷都督江淮軍馬開府建
康帝銳意恢復中原故有是命

符離潰兵和好更繼 註 浚遣李顯忠邵宏淵分道伐金顯
忠復靈壁宿州宏淵復虹縣以捷聞未幾二將不協至
符離師大潰後金以書來求地及歲幣通和好魏杞還
自金始正敵國體詔略曰正皇帝之稱爲叔姪之國可
一使歸正之士咸起寧居之心由是和好如前金亦漸衰
符離在今安徽鳳陽府

孝養德壽終喪不替 註 帝奉上皇於德壽宮曲盡子道上
皇崩致喪三年羣臣屢乞遵易月令不許史臣曰自古
人君外藩繼統而能盡宮庭之孝未有如帝者廟號孝
宗無愧焉在位二十七年傳位太子惇是爲光宗 增註
建元紹熙　帝初立吳璘新復三路十三州史浩議盡
棄陝西以守虞允文曰今日有八可戰以笏畫地陳利
害帝曰史浩誤我・時和書稱姪大宋皇帝某再拜兵
部侍郎胡銓曰臣竊慮再拜不已必至稱臣稱臣不已
必至請降請降不已必至納土納土不已必至輿櫬輿
櫬不已必至如晉帝青衣行酒而後爲快今日舉朝皆
婦人也時秦檜黨
湯思退爲相主和

光宗受禪制於强后不朝重華不奉喪柩 註 初受禪位爲

李后專制后性悍妒常訴帝左右於高宗高宗曰此婦將種皇甫坦誤我后慶遠節度使李道之女道士皇甫坦善相人言當母天下光宗封王時遂聘爲妃孝宗既傳位退居重華宮光宗欲誅宦官近習懼謀離間三宮帝疑之會得心疾孝宗購得良藥欲因帝過宮授之宦者訴於后曰太上合藥一丸俟宮車過卽投藥萬一不虞奈宗社何后銜之頃之內宴后請立嘉王擴爲太子孝宗不許后曰妾六禮所聘嘉王妾親生何爲不可孝宗怒后泣訴於帝謂太上有廢立意帝惑之遂不朝重華宮紹熙三年四年皆一朝壽皇疾大漸羣臣請帝問疾不從丞相留正等率宰執進諫帝拂衣起正引帝裾泣諫起居舍人彭龜年侍講黃裳等乞令嘉王詣重華

問疾許之壽皇崩帝稱疾不出丞相留正等請壽聖太后攝行喪禮【增註】帝受禪後遭后悍妒亟欲立子驚憂得疾上不能致孝親父下不能顯傳嗣子及親之喪不能執禮一旦仆地大臣從權擁立嗣子閒居五載與后俱亡眞萬世罪人也　雲間張氏曰嗚呼逆悖父疾不問安父崩不成服惟婦言是用動輒稱疾既云有疾何與虐后招搖於玉津園乎五伯之君爭以誅不孝爲盟當時金人若興問罪之師蕞爾宋其能保無危乎汝愚貴戚卿也以太皇太后詔傳位嘉王反覆之而不聽則易位汝愚有焉葉適言於留正曰帝不執喪何以謝天下今嘉王長若預建決則疑謗釋矣正從之率宰執入奏御批甚好已復得旨云歷事歲久念欲退閒正大懼卽出國門上表請老

汝愚立寧權移侂胄【註】帝臨朝仆地知樞密院趙汝愚遣知閤門事韓侂胄因內侍以奏太后乃以太皇太后詔傳位於嘉王擴是爲寧宗　侂胄太后女弟之子也侂胄欲推定策功汝愚曰吾宗臣汝外戚何可言功但遷侂胄防禦使侂胄大失望以傳道詔旨見親幸竊弄威

福罷汝愚相尋竄之永州暴卒【增註】建元慶元嘉泰開禧嘉定　罷丞相留正以內批罷侍制朱熹以內批進羣奸謝深甫等亦以內批厥後進侂胄罷彭龜年亦以內批則知寧宗雖處天位要亦韓氏之廝役耳噫寧宗闇弱而侂胄最凶極惡如此能不斬宋之國脈而召玉津之禍乎　帝謙恭仁儉始終如一然勇而不明前有侂胄後有彌遠屏斥忠良玩兵致寇嘉定以後金人犯邊無歲不擾元起北方江南危懼雖有小善不足稱也

矯作內批貶逐者【舊註】侂胄用事內批罷丞相留正侍講朱熹等其時士大夫爲清議所擯者疏道學諸人姓名授胄侂目爲僞學禁用其黨【增註】或謂侂胄曰凡與朝異者皆道學之人宜名以僞學禁之於是得罪著籍者以趙汝愚爲首及朱熹等五十九人鄉會試漕司前期取家狀必令書不是僞學四字撫州推官柴中行獨申漕司云自幼習易讀程氏易傳未審是與不是僞學如以爲僞不願考校上論壯之　趙汝愚薦朱熹侍講熹謂汝愚曰立帝事侂胄不得謂無功宜厚賞以酧其勞勿使與政汝愚不聽侂胄使優人王喜峨冠闊袖象大儒狀戲於帝前因乘間言熹迂闊不可用故熹在朝四十六日而罷　侂胄擅

權處士呂祖泰擊登聞鼓上書請誅之府尹好諛之日誰教汝爲之汝病風喪心耶泰曰公何問之愚也我自知必死肯受人之教耶以我觀之今日之附韓者皆病風喪心耳乃杖一百發配欽州太常少卿胡紘未達時嘗謁朱熹熹待學子惟脫粟飯遇紘不能異也紘不悅曰此非人情隻雞樽酒山中未爲乏也至是代御史沈繼祖作疏劾熹曰剽竊張載程頤之餘論以喫菜事魔之妖術簧鼓後進張浮駕誕潛形匿迹如鬼如蜮乞褫熹職其徒蔡元定佐之爲妖乞送別州編管元定貽書訓子曰獨行不愧影獨寢不愧衾勿以吾獲罪而遂懈其志學者尊爲西山先生雲間張氏曰文公之罷官季通之竄逐適以遺寧宗萬年之臭流朱蔡百世之芳然則抑之者乃所以揚之毀之者乃所以譽之於二賢夫何損

師睪及之吠籬由竇【舊註】侂胄與客過山莊顧竹籬草舍曰此眞田舍間氣象但欠犬吠雞鳴耳俄聞犬嘷叢薄視之乃工部侍郎趙師睪也侂胄生日羣公畢集上壽吏部尚書許及之後至閽人拒之門闔未及閉及之遂俯僂而入居尚書二年不遷見侂胄流涕屈膝遂遷同知

樞密院事時有屈膝執政由賓尚書之語 增註 程松以妾名松壽獻侂胄曰何與大諫同名松曰欲求達賤名耳陳自强呼侂胄爲恩主恩父

西叛吳曦北挑金寇 註 四川宣撫使吳曦反奉表獻蜀地圖於金金爲北鄙阻䪁等部所擾連歲興師討伐國勢日弱有勸侂胄立蓋世功者恢復議遂起乃下詔伐金師出無功金人分道入寇陷安豐軍江表大震侂胄募人赴敵請和金布薩揆曰獻首禍者乃可 增註 詔畧曰天道好還中國有必伸之理人心效順匹夫無不報之仇蠢茲醜虜猶託要盟腴生靈之資奉溪壑之欲此非出於得已彼乃謂之當然軍入塞而公肆創殘使來庭而敢爲桀驁洎行李之繼遣復嫚詞之見加含垢納污在人情而已極聲罪致討屬胡運之將傾兵出有名師直爲壯言乎遠言乎近孰無忠義之心爲人子爲人臣當念祖宗之憤直學士院李壁之詞也

彌遠殺韓內比楊后 註 禮部侍郎史彌遠請誅韓侂胄楊后與侂胄有怨力贊之彌遠以兵擁侂胄至玉津園殺之函其首畀金人

矯殺濟竑理宗私授 註 帝未有嗣育太祖十世孫貴和爲皇子更名竑以沂王嗣子貴誠爲秉義郎貴誠魏王德昭之後史彌遠善相見而奇之楊后專政時彌遠用事竑不能平嘗書后及彌遠事於几上曰彌遠當決配八千里彌遠聞之懼帝崩彌遠矯詔立貴誠更名昀是爲理宗封竑濟王湖州人潘壬起兵謀立濟王竑竑討平之彌遠矯詔殺竑貶爲巴陵郡公　光宗在位五年寧宗在位三十年 增註 竑呼彌遠爲新恩以他日即位當決配彌遠八千里非新州即恩州 建元寶慶紹定端平嘉熙淳祐寶祐開慶景定　帝崇尚理學可謂知本矣然四十年間在朝君子小人互爲消長治亂相半元滅夏滅金威鎮海內帝以中材之主能保邦沒世幸也

四木三凶權門趨走【註】薛極胡榘聶子述趙汝述俱附彌遠人謂四木榘成大莫澤李之孝爲彌遠鷹犬人謂三凶且謂成大爲成犬

時元滅金威震江右【註】時元號蒙古約同伐金京湖制置使史嵩之遣武寧節度使孟珙率師會之端平元年正月珙以蒙古師入蔡州遂滅金時元餘威方震於江右江右今江西【增註】蒙古假道以伐金宋許之金主守緒使阿虎帶來乞糧且曰蒙古滅國四十以及夏夏亡及我我亡必及宋矣脣亡齒寒自然之理若與我連和所以爲我卽所以自爲也宋不許後卒如金言

趙范趙葵開邊速咎【註】節制鎮江滁州軍馬趙范趙葵既收復淮城心益驕在襄陽以北軍將王旻李伯淵樊文彬黃國弼等爲腹心既而旻等交爭范等失於撫馭旻

遂作亂以襄陽城降於蒙古遂開入寇之端【增註】蒙古滅金范葵請乘時撫定中原收復三京乃以兵入洛陽蒙古來責宋敗盟兵端從此起矣周靜軒曰三京淪於夷狄固爲臣子之恥恢復故疆乃其分也然必度其事勢吾之甲兵精歟倉廩盈歟人才足歟府庫充歟然後舉事猶慮弗及況蒙古以方張不制之虜新與訂盟是中國先失信於夷狄曲在宋矣又安能不致蒙古之雲擾哉

孟珙制置克復襄樊【註】命京湖制置使孟珙與蒙古三戰皆捷遂復樊城襄陽府珙卒謚忠襄【增註】京湖宋室之根本江南之要衝　珙忠君體國之心可貫金石名位雖重惟建旗鼓臨將士凜然無敢拂睡者退則掃地焚香隱几危坐若蕭然事外遠貨色絕滋味尤邃於易學眞不愧爲儒將風

余玠經理蜀以富強【註】以四川宣諭使余玠撫安樊襄時蜀地殘破玠至大更弊政遴選守宰招賢禮士屯兵聚糧蜀民得以殷富【增註】播州冉璡及弟璞隱居蠻中閫帥辟召皆不至聞玠賢自謁府玠待以上客久久無所言乃更開別館以處之使人窺其所爲兄弟終日不言惟對踞以堊畫地爲山川城池

之形起則浚丈又數曰請見屏人曰某兄弟辱明公知
思有以少裨益爲今蜀計其在徙合州城乎玠躍然曰
此玠志璡曰蜀口形勝之地莫若釣魚山請徙諸此賢
於十萬師遠矣玠喜曰固疑先生非淺士此謀玠不能
掠以歸已遂密以請於
朝徙之而蜀始可守

了翁德秀正學大光【註】同簽書樞密院事魏了翁刻志學
問參知政事眞德秀慨然以斯文自任黨禁旣開正學
遂明於世【[illegible]】梁成大誣德秀曰眞小人了翁曰僞君子　德秀進大學衍義周靜軒曰衍義
無非發明格致誠正之功修齊治平之業誠有國者所
當講也理宗於萬幾之暇特詔德秀進講自非留心於
聖學曷克臻此其與玩物喪志者異矣然前以彌遠而
薇後以似道而迷雖能崇理學而所行之事背理實多
史曰宋治尙虛文而
鮮實效類如此夫

先儒贈謚圖像昭勳【註】詔追封先儒周敦頤汝南伯張載
郿伯程顥河南伯程頤伊陽伯朱熹徽國公並從祀孔
子廟廷黜王安石從祀贈陸九齡直祕閣謚文達錄張

栻呂祖謙陸九淵後　圖功臣像於昭勳崇德閣

溯自趙普潘美曹彬居正姓薛**熙載**姓石**王旦王曾有呂夷簡**
李沆繼隆姓李**富**名弼**韓**名琦**曹瑋司馬**名光**曾公**名亮**忠彥**姓韓**頤浩**
姓呂**趙**名鼎**張**名浚**世忠**姓韓**康伯**姓陳**史**名浩**葛**名邲**汝愚**姓趙**告終**【註】凡
二十有四人【增註】太平興國後首趙普迄韓忠彥共十六人而呂端寇準杜衍范仲淹何以
不與靖康後首呂頤浩迄趙汝愚凡八人侍御史王十朋疏論史浩懷奸誤國八大罪乃列浩於中而李綱宗
澤岳飛何以不與

嵩之入相貪位忘喪【註】以史嵩之爲平章一時正人皆被
逐去黃濤劉應起徐霖等彈劾之不聽及其父彌忠疾
亟嵩之入告許之翼日彌忠卒詔嵩之起復徐元杰上
疏諫嵩之憾之帝不聽太學生黃愷伯等百四十四人
上書武學生翁日善等六十七人京學生劉時舉等九

十四人宗學生與寰等二十四人皆上書切諫俱不報

增註 度宗咸淳十年甲戌正月己卯吉安永新有氣如虹橫貫一邑復作錦紋五色蓋城門越三四年丁丑邑舉人彭震爲文信國妹壻倡邑中劉龍段顧左吳張譚八姓三千人起義勤王城爲元破三千人盡沈潭水死邑屠時天月山忽崩山在臨安縣上有兩峰峰頂各有池若左右目故名周八百里爲臨安主山人皆知爲亡國兆

繼變盧董閻馬丁當 註 宦者盧允升董宋臣迎合上意起梅堂芙蓉閣香蘭亭豪奪民田引倡優入宮招權納賄人以董閻羅目之帝恃爲心腹　閻后攬權右丞相兼樞密使丁大全同簽書院事馬天驥用事有無名子書八字於朝門曰閻馬丁當國勢將亡

文德諛國開權樊陽 註 先是瀘州安撫使劉整以瀘州叛降蒙古曰南人惟恃四川節度使呂文德耳然可以利

誘也蒙古遂賂文德以玉帶求置權場於襄陽門外文德爲請於朝開之由是敵得所守以遏南北之源致國祚滅

增註 文德安豐人魁梧勇悍嘗鬻薪城中趙葵見其遺屨長尺有咫異而訪之值文德出獵暮負虎鹿各一而歸名至帳下超擢軍職　靜軒氏曰自置權場然後蒙古取襄陽之計成而宋人失襄陽之計決文德諛國之罪可勝誅哉開權場蒙古築土牆於鹿門山外通互市內築堡壁又築堡於白鶴山時出兵哨掠襄陽城外文德弟文煥知爲蒙古所賣以書諫止然已無及矣　方回上書似道僥詐貪淫彌驕吝專忍謬十罪翁合上言似道以妒賢無比之林甫輒自託於伊周以不學無術之霍光敢效尤於操莽

後相似道國勢益傷 註 以賈似道爲右丞相兼樞密使似道恃姊賈妃寵威權日甚蒙古圍鄂州似道援之密遣使稱臣納幣蒙古引兵還以大捷聞帝嘉其再造功加少師封衛國公宋日以削十餘年後爲元所滅　帝在位四十年崩太子禥立母弟與芮之子是爲度宗 增註

咸淳
建元

度宗即位酒色是荒【註】帝在宮中宴名曰排當大事悉委似道稱師臣而不名以似道有定策功加太師封魏國公每朝必答拜賜第西湖之葛嶺五日一朝陳宗禮上疏云費幾州汗馬之勞供一日笙歌之樂【增註】度宗荒於酒色拱手權奸喪師失地殆無虛日似道方且粉飾太平天怒人怨以致滅亡　參知政事江萬里見似道以去要君帝至拜留之萬里以身掖帝云自古無此君臣禮不可下拜似道陽謝而陰銜之謀所以中傷之萬里上書求去罷之時朝臣稱似道爲伊周噫似道果伊周耶莽操耶毋喪不奔諱亡匿敗輦玉量珠建多寶閣宮人妓尼爲姬妾日坐葛嶺之半閒堂大肆淫樂在愚夫婦尙思唾罵而驅逐之上乃執留不捨是殆斲冰爲礎束蒿爲楹欲不頹其胡可得

廷鸞夢弼忠悃莫詳【註】右丞相馬廷鸞抗於似道去位帝曰卿何不少留對曰臣死亡無日恐不得再見君父然國事方殷疆圉孔棘天下安危人主不知國家利害羣臣不知軍前勝負列閫不知陛下與元老大臣惟懷承圖臣死且瞑目泣拜去右丞相兼樞密使葉夢弼亦抗於似道引疾疏云願上勵精寡欲規當國者收人心固邦本遂扁舟還

二張戰死莫救樊襄【註】咸淳七年蒙古改國號曰元時元圍襄陽幾破統制張順張貴將兵救之與元軍力戰敗績皆死之援兵不至樊在江北襄在江南相繼降元江西招討使汪立信移書似道曰今日天下之事十去八九矣似道卒不悟【增註】時羽書日至似道祕不以聞一日帝問曰襄陽被圍已三年矣奈何似道曰北兵已退陛下何從得此言帝曰適有女嬪言之似道詰其人誣以他事賜死　似道酷嗜寶玩建多寶閣一日一登玩作半閒堂延羽流塑己象其中取宮人葉氏及倡尼有色者爲妾日肆淫樂與故博徒

縱博有言國事者貶斥嘗與羣妾踞地鬬蟋蟀所狎客
戲之曰此軍國重事耶荆湖制置汪立信移書似道曰
天下之事十去八九而君臣晏安不以爲虞酣歌深宮
嘯傲湖山欲拱揖折衝不亦難乎爲今日計有三內郡
何事多兵宜盡出之江干距百里而屯屯有守將十屯
爲府府有總督無事則泛舟長淮往來游徼有事則東
西齊擊戰守並用此上策也遣歸虜使許輸歲幣以緩
師期不二三年邊陲稍休籓垣稍固生兵日增可戰可
守此中策也二策果不得行衡璧輿櫬宜備以俟似道
抵之地曰瞎賊狂言敢爾以立信目眇故云中以危語
廢之其後似道出師仍起立信爲江淮招討俾募兵建
康援江上諸郡似道師潰扼吭卒按當日事勢雖去而
立信沿江之計與文信國四鎮之謀尚可有爲也乃前
沮於似道後惑於宜中令宋三百餘年社稷竟湮沒於
洪濤巨浪中是誰之罪與後元兵入或告立信沿江策
伯顏驚曰宋有是人有是言若果用此我安得至此因
命厚卹其家曰
忠臣之家也

漢英竭節文煥出降 註 元阿朮攻樊城被圍四年守將范
天順牛富等力戰不爲衂後阿朮得西域人所獻新礮
法破樊外郭横截江道襄兵不能援遂破天順等歎曰

生爲宋臣死爲宋鬼卽於所守縊死天順字漢英　襄
陽援絶知府呂文煥告急於朝似道屢上書請行邊而
陰使臺諫上章留己及樊城陷復申請行廷臣言不若
居中以運天下帝從之至是元阿爾哈雅至城下招降
文煥以襄陽降元　帝在位十年崩衆以昰長當立似
道以㬎爲嫡立之是爲恭帝 增註 建元德祐

恭帝幼弱元入九江 註 帝年四歲元伯顏渡江東下盡陷
江西州軍　伯顏元丞相　九江府隷江西

似道出督蕪湖潰亡 註 初似道畏元將劉整及聞整死乃
出師次於蕪湖兵潰奔揚州尋罷免放循州監押官鄭
虎臣殺之於木棉菴　蕪湖縣今屬太平府 增註 劉整本宋
將降元雲間張氏曰整之叛信有罪然原其所以亦非
其本心乃似道迫之也似道驅良將以資敵是猶撤籓

籬以延盜入室也欲求貨資之不喪得乎 似道舟次南劍州黯淡灘鄭虎臣曰水淸甚何不死於此似道曰太后許我以不死俟有詔卽死十月至漳州木棉庵虎臣曰吾爲天下殺似道雖死何憾卽廁上拉其胸殺之按似道至泉州洛陽橋遇葉李自漳州放還李賦詞贈之云予歸路君去路天理昭昭胡不悟公田關會竟如何仔細思量眞自誤雷司戶崖司戶人生會有相逢處客中邂逅欠蒸羊聊贈一篇長短句似道俛首謝焉

昂發死國夫婦成雙 註 池州權守趙昂發繕壁聚糧爲固守計都統張林使人納款於元昂發知事不濟謂妻雍氏曰城將破吾守臣不得去汝先出走雍氏曰君爲忠臣我獨不能爲忠臣婦乎昂發笑止之及元師薄城昂發晨起書几上曰國不可背城不可降夫婦同死節義成雙遂與雍氏同縊從容堂張林開門降

萬里止水立信扼吭 註 故相江萬里聞襄陽破鑿池於芝山後圃扁其亭曰止水人莫喻其意及城將破歎曰大勢不可爲矣予雖不在位當與國存亡遂赴止水死左右及子鎬相繼投池內積屍如壘獨萬里屍浮出 端明殿學士江淮招討使汪立信聞似道兵潰江淮守臣望風遁歎曰吾今日猶得死於宋土也乃置酒名賓僚與訣手自爲表起居三宮與從子書屬以家事夜分起步庭中慨慷悲歌握拳舞案者三扼吭而死 增註 同時江西招討使謝枋得以九十三歲之母在未卽死元世祖徵江南名士參政魏天祐勸枋得仕不應天祐讓之曰封疆之臣當死封疆何不早死對曰程嬰公孫杵臼一死十五年前一死十五年後俱不失爲趙氏忠臣參政豈足以知之乃殺之又太學生徐應鑣與其子鄉貢士琦松女元娘登梯雲樓乃作詩曰二男並一女從我上雲梯遂縱火焚死

李芾旣殯湖南亦降 註 元阿爾哈雅破潭州湖南鎭撫大使知州事李芾死之湖南州軍皆陷 增註 除夕元兵發城蟻附而上

知衡州尹穀時寓城中乃爲二子行冠禮或曰此何時
而行此事穀曰正欲令兒曹冠帶見先人於地下耳禮
畢與其家人自焚芾命酒酧之夜傳令猶手書盡忠字
爲號參議楊霆赴園池死芾坐熊湘閣召帳下沈忠曰
吾力竭分當死吾家人亦不可辱於俘汝盡殺之而後
殺我忠叩頭泣諾飲其家人盡醉乃及之芾引頸受及
忠縱火焚其居還家殺妻子復至火所大慟舉身投地
乃自刎潭民聞之多舉家自盡城無虛井縊林者相望
時播越海濱庶事疏畧獨陸秀夫儼然正笏如治朝
狀或悽然淚下以朝衣拭淚衣盡濕左右無不感動

伯顏執帝復立益王 註 元伯顏入臨安以帝北去降封爲
瀛國公　益王是時開府福州乃即位是爲端宗 增註 建元景炎

庭芝斬使身殉淮揚 註 臨安陷太皇太后手諭淮東西制
置使李庭芝使降庭芝不答元主以詔招之庭芝焚詔
斬使後爲元將所執憤罵被殺淮東盡陷 增註 姜才被執同死
雲間張氏曰庭芝姜才之死即張巡許遠之節義也
然巡遠雖死而唐室爲之再造巡遠之功居多庭芝姜
才既死而宋室不復興豈李姜之才力未優於巡遠歟
曰巡遠未敢必乎唐室之再造李姜未敢料乎宋室之
不復忠臣惟盡此心
而已其他非所計焉

帝昺崖山秀夫同溺 註 帝以元兵偪航海走潮州次惠州
奉表降元在位二年殂於嶺南硇州今廣東廣州府南
弟昺立總都督府諸軍事張世傑奉帝居崖山世傑兵
潰元軍至崖山陸秀夫啟帝曰國事至此太皇太后辱
已甚陛下不可再辱遂抱帝投海中在位二年南宋亡
增註 建元祥興　益王隨太后渡江元兵營浙江河滸
太皇太后覘曰海若有靈當時波濤大作一洗而
空之奈潮汐三日不至　帝入歳世傑秀夫同輔之雖
顛沛流離猶以大學章句進講或曰當顛沛流離之中
猶汲汲於此何其迂耶曰不然道不可須臾離也故聖
人曰朝聞道夕死可矣忠臣愛君惟求一是而已且興
亡何代無之秀夫豈以是而失
其道哉秀夫字君實鹽城進士

世傑天祥亡身殉國 註 世傑聞帝崩墜海死元執少保文

天祥至燕不屈四之後殺之於都城柴市居獄時作正氣歌臨死自爲贊曰孔曰成仁孟曰取義惟其義盡所以仁至讀聖賢書所學何事而今而後庶幾無愧【增註】天祥請分揚州鄱陽長沙隆興爲四鎮各守其境度宗惑於陳宜中不用 天祥字宋瑞吉水人寶祐中廷對第一德祐初江上報急詔天下勤王天祥時知贛州捧詔涕泣遂起兵入衞性素豪華聲伎滿前至是痛自貶曰樂人之樂者憂人之憂食人之食者死人之事元帥至皐亭如軍請和與伯顔抗論不屈伯顔怒拘送上都行至鎭江亡走溫州端宗立與宜中並相以議不合出督江西加少保封信國公已而爲張洪範所執待以客禮厓山旣破遣人護送至燕痛恨不食八日猶生乃復食旣至館人供帳甚盛天祥不寢處移兵馬司設卒守之丞相博羅等語之曰自古有以宗廟社稷與人而復逃者乎曰擧國與人是賣國者也賣國者有所利而爲之必不去去者必非賣國者也羅曰棄德祐而立二王忠乎曰別立君爲宗廟社稷計也博羅怒曰汝立二王竟成何功天祥曰立君以存社稷存一日則盡臣子一日之責臣事君如子事父疾雖不可爲豈有不下藥之理今日至此有死而已何多言爲留燕三年坐臥一樓足不履地元主遣王積翁諭旨欲用之天祥曰國亡吾分一死耳倘緣寬假得黃冠旋里他日以方外備顧問可也宋降臣留夢炎等力阻以爲不可一日元主召天祥曰汝何願曰願賜一死乃殺之其妻歐陽氏收其屍

史臣曰自古志士欲伸大義於天下者不以成敗利鈍動其心君子命之曰仁以其合天理之正卽人心之安爾宋德祐亡矣文天祥奉兩孱主崎嶇嶺海以圖興復兵敗身執終不可屈從容伏鑕視死如歸是其所欲有甚於生者嗚呼仁已許有壬曰宋養士三百年得一人之盛軼漢唐而過之及天命已去文天祥萬變不渝且就義光明俊偉俯視一世顧膚敏祼將之士不知爲何物也若天祥者固不可以成敗論也

通計歷年三百二十【註】南北兩宋共三百二十年起太祖建隆元年庚申終南宋帝昺祥興二年己卯

均傳九主代數書一

附遼 凡九主共二百十年起梁末帝貞明二年丙子終宋徽宗宣和七年乙巳西遼凡五主共七十七年起宋徽宗宣和七年乙巳終寧宗嘉泰元年辛酉兩遼十四主共二百八十七年

遼祖保機契丹之傑并吞八部氏曰耶律【註】太祖名阿保

機又名億出自炎帝自奇祖至德祖已八世世屬契丹
德祖生億億雄勇以兵擊滅八部東北諸國皆畏服之
居黃潢水之南黃龍之北以横帳地名爲姓曰世里譯
曰耶律唐昭宣帝天祐四年稱帝梁貞明二年始建元
曰神册天贊天顯是爲太祖都燕京在位十年殂次子
德光立是爲太宗【增註】遼始契丹德祖城遼東本無意於中原自桑維翰進父事割地之謀石敬塘貪得遺殃遂引誘入室矣勇決多權變預軍謀姑拜躡榻受之曰吾惟拜天不拜人長子倍初名堯骨打后舍倍立其次子德光倍卽奔唐易名李贊華封東丹王

太宗德光入擾中國【註】德光後唐時入寇中原爲其所擾
石晉借兵燕雲是割【註】晉天福元年將兵救石敬塘大敗
唐兵立敬塘爲晉帝册曰予示爾猶子爾示予猶父晉
割燕雲十六州以賂之改國號爲遼在位二十一年南

征還至狐林殂國人破其腹實以鹽載之北去號爲帝
羓

永康兀欲穆宗述律【註】德光兄突欲之子兀欲謀立乃名
趙延壽飲使妹見之延壽與俱入兀欲鎖之遂宣遺制
卽位更名阮是爲世宗在位四年遇弒　世宗欲謀入
寇諸部不欲兀欲强之燕王述軋作亂弒之自立諸部
奉太宗子述律攻殺之更名璟是爲穆宗【增註】世宗建元大同會同穆宗建元應歷　延壽本姓劉常山人趙德鈞養子唐明宗壻也唐亂與德鈞俱降契丹屢勸契丹伐晉德光以經略事委之曰他日當立汝爲帝及德光卒召與飲而執之

炮烙鐵梳弒於近習【註】述律耽酒嗜殺嘗好炮烙鐵梳之
刑國人惡之爲庖人辛古所弒在位十八年世宗次子
賢立是爲景宗【增註】建元保寧乾亨　述律有疾不能近婦人夜酣飮晝常睡故人名曰

睚王

景戰高粱聖敗楊業【註】宋太宗伐契丹與耶律休哥戰於高粱河宋師敗績在位十四年殂子隆緒立是爲聖宗

沖年踐祚母蕭太后權國事復國號曰大契丹　宋代州刺史楊業勇力過人契丹嘗入寇雁門業擊大敗之

自後不敢入寇【增註】改元統和開泰太平

定盟澶州和好不絕【註】大舉侵宋眞宗自將禦之次澶州請盟而還自是聘問不絕在位四十九年殂子宗眞立

番名木不孤是爲興宗【增註】建元景福寧熙　興宗太后蕭耨行同理國事嫡母齊天后蕭氏被弑宗眞哀毀骨立哭必嘔血終三年喪蕭韓家奴字休堅少讀書南山博涉經史興宗命爲詩友曰卿居外有異聞乎曰臣無他聞向典栗園惟知炒栗小者熟則大者必生大者熟則小者必焦使大小均熟始爲盡善蓋借以喻治也

興宗缺孝宋幣增納【註】求關南地於宋歲增銀幣各十萬通好如故在位二十三年殂子洪基立是爲道宗【增註】建元清寧咸雍太康太安壽隆

道議河東獲地七百【註】復國號曰遼時入寇議和欲盡得河東之地宋神宗令韓縝割地界之用欲取姑與之策遂得河東地幾七百里在位四十六年殂太子濬已死孫延禧立是爲天祚帝【增註】建元乾統天慶保大　洪基后觀音姿容絶世工詩詞善談論好音樂尤善琵琶洪基命主朝政法度修明時耶律乙辛當國不得逞其私乃搆后殺之并搆太子濬按驗無證卒遣其私人殺濬而詐云疾薨

天祚荒淫卒以覆滅【註】天祚怠於政事荒於酒色宋徽宗遣童貫結好女眞相約來攻取燕延禧走夾山謀奔西夏爲金人所擒在位二十五年天祚之走雲中燕京留

守李處温以興宗孫淳稱帝尋卒妻蕭氏稱制處温欲挾蕭氏納於金事覺伏誅蕭氏爲天祚所殺都統制蕭特烈立天祚次子梁王雅里未幾卒復立聖宗孫朮烈後皆爲亂兵所殺北遼亡【增註】處温南通童貫北通金人事覺賜死天祚溺遊畋斥忠良金兵日逼文妃蕭瑟瑟作歌曰勿嗟塞上兮暗紅塵勿傷多難兮畏夷人不如塞奸邪之路兮選取賢臣直須卧薪嘗膽兮激壯士之捐身可以朝清漠北兮夕掃燕雲又歌曰丞相來朝兮劍佩鳴千官側目兮寂無聲養成外患兮嗟何及禍盡忠良兮罰不明親戚並居兮藩屏位私門潛蓄兮牙爪兵可憐往代兮秦天子猶居宮中兮望太平天祚銜之卒以譏死

西遼德宗蕭后代攝仁及天禧國祉爰失【註】徽宗宣和七年金滅遼大石乃億八世孫稱帝於起兒漫是爲西遼德宗又遷於虎思斡耳朶【增註】按遼語虎思者有力之稱也斡耳朶者宮帳名也在位十一年卒子夸烈幼母蕭氏權國稱制別號感天后名塔不烟稱制七年卒夸烈立是爲仁宗【增註】建元紹興在位十一年卒子幼其妹速普完權國事自號承天太后稱制十四年卒爲夫蕭朶魯不之父斡里利所弒立夸烈次子直魯古改元天禧是爲天禧帝宋寧宗嘉泰元年直魯古出獵爲乃蠻王屈出律伏兵擒之而據其位尊直魯古爲太上皇尋卒西遼無祀絶【增註】速普完乃蕭朶魯不之妻完與魯不之弟朴古只沙里私通出魯不爲東平王而殺之是弒夫也綱目故大書其事

金凡十主共一百二十年起宋徽宗政和五年乙未終理宗端平元年甲午

金姓完顔初號靺鞨【註】太祖姓完顔氏名旻其先本肅慎氏名號女眞漢曰挹婁魏曰勿吉唐曰靺鞨【增註】賓鐵雖堅猶有變壞惟金不變不壞其色白完顔色尚白況所居按出虎水之上於是國號大金按其國語謂金爲按出虎謂尊大爲諳班謂國相爲國論 女眞居東海之外止與遼爲仇耳李良嗣進圖燕之策約以夾攻遼徽宗

章宗貪殘元起迤北【註】性貪婪殘虐百姓　時元太祖稱
尊於斡灘河侵掠金邊界西北諸州皆降求和不許在
位十九年殂無子李元妃立世宗第七子衛王永濟是
為衛紹王【增註】建元大安崇慶至寧　章宗時麻九疇以神童見令游宮上問汝入宮亦怯否日君臣父子一也子豈懼父之室乎上奇之衛王立柔弱無能詔至蒙古鐵木眞曰新君為誰曰衛王鐵木眞唾曰我道中原皇帝乃天上人為之此亦為之自是益輕燕　元妃名師兒以監門女子入宮自嫌門第寒薄徼藉外廷為重時有胥持國者代州繁時人字秉鈞應經童科入仕妃遂數稱譽持國由是表裏擅政時人語曰經童作相監婢為妃
衛紹不綱宣益蹙國【註】時國不振君綱已失副元帥紇石
烈胡沙虎作亂以兵入宮自稱監國逼金主出居衛邸
弒之在位五年迎立章宗庶長兄昇王珣是為宣宗
時宋夏相繼侵伐蒙古分兵拔河北河東諸州郡中原

盡失徙都汴在位十一年殂子守緒立是為哀帝【增註】宣宗建元貞祐興定元光哀帝建元正大開興天興初衛紹時徐沛界黃河清五百餘里幾二年上詔告中外臨洮人楊珪上言曰河性本濁而今乃清是水失其性也若據傳言黃河清聖人生是不知應在何人且又云黃河清諸侯為天子正當戒懼以禳天譴胡乃誇示四方乎臣所未解也
哀宗自經承麟亦沒【註】元兵日逼棄汴奔河北至蔡州傳
位宗室東面元帥承麟自經於幽蘭軒　承麟亦旋為
亂兵所殺金亡
青城之俘視宋尤烈【註】京西元帥崔立作亂以城降蒙古
送后妃及梁王荊王赴青城蒙古速不臺殺二王而送
后妃等於和林
附西夏凡十主共一百九十五年起宋仁宗寶元元年戊寅終理宗寶慶三年丁亥
西夏王業創自思忠從征拓跋討巢立功【註】元昊之先祖

拓跋思忠從拓跋思恭討黄巢有功賜姓李嘗射鐵鶴
没羽恃勇陣亡四世孫繼遷始大會族兄繼棒降宋宋
命出鎭銀州賜名趙保忠繼遷亦降賜名趙保吉久之
變詐不常繼遷在位二十年殂追稱太祖宋眞宗時子
德明封西平王在位二十六年殂追稱太宗子元昊立
增註 黨項部落以十數惟拓跋最强唐初有赤餅以地
歸太宗爲西戎都督唐末思恭始封夏國公四傳
至彝興爲定難節度使封西平王始入宋世爲節度至
元昊始叛與契丹宗眞皆宋勁敵然終不似遼之悍鷙
與金之烈皦雖至晛爲元耶律楚材所
滅而歷年近二百與契丹年數彷彿

西平旣逝元昊嗣封生當王霸乃是英雄 註 元昊雄毅有
大略自幼切諫其父母臣宋父戒之曰吾族三十年衣
錦綺此宋恩也不可負元昊曰衣皮毛事畜牧番姓所
便且英雄生當王霸何錦綺爲旣襲封稱尊號依賀蘭

以自雄阻大河以自固并諸羌十四州猖獗特甚 增註
自稱兀卒譯言吾祖如可汗號特以侮宋也 元昊弑
母殺叔淫虐無忌納子婦没移氏爲太子寗哥劓鼻而
死

番書創製劓鼻而終 註 自製番書 宋命狄青奮擊范仲
淹書諭之元昊遂稱男仁宗册爲夏王更名曩霄有新
臺之醜劓鼻而死在位十一年殂稱景宗子諒祚立是
爲毅宗

諒祚敗北傳於惠宗 註 諒祚爲契丹所敗母亦被擒在位
十九年殂子秉常立是爲惠宗　秉常將三十萬衆勝
李憲五路之師兵威大震在位十九年中興而殂傳子
乾順結婚於遼遼亡入貢於金在位五十四年殂是爲
崇宗 增註 諒祚没藏氏所生立時甫
期歲母族專政三帥分治

乾順子祐安全弑凶【註】仁孝承多難之後土地瓜分在位五十四年殂是爲仁宗子純祐立在位十二年是爲桓宗

純祐爲弟安全弑之而自立請降於元在位六年殂是爲襄宗族子遵頊繼之【增註】乾順仁宗兩世百年與宋無隙

族子頊繼西避元鋒【註】元兵來伐遵頊西避在位十四年殂是爲神宗傳子德旺

德旺與晛十主告終【註】德旺在位三年殂是爲獻宗弟南平王晛立是爲末主在位一年爲元太祖所滅夏亡

自景宗至末主凡十主共一百九十五年

史要增註卷五終